GÜTERSLOHER
VERLAGSHAUS

Gütersloher Verlagshaus. Dem Leben vertrauen

Mariela Sartorius

Die hohe Kunst der Melancholie

Gütersloher Verlagshaus

Bibliografische Information der Deutschen Nationalbibliothek

Die Deutsche Nationalbibliothek verzeichnet diese Publikation in der Deutschen Nationalbibliografie; detaillierte bibliografische Daten sind im Internet über http://dnb.d-nb.de abrufbar.

Die Interviews (S. 67ff.) sind abgedruckt mit freundlicher Genehmigung der Gesprächspartner.

FSC
www.fsc.org

MIX

Papier aus ver-
antwortungsvollen
Quellen

FSC® C014496

Verlagsgruppe Random House FSC-DEU-0100
Das für dieses Buch verwendete FSC®-zertifizierte Papier
Munken Premium Cream liefert
Arctic Paper Munkedals AB, Schweden.

1. Auflage
Copyright © 2011 by Gütersloher Verlagshaus, Gütersloh,
in der Verlagsgruppe Random House GmbH, München

Coverfoto: © Images.com/Corbis
Druck und Einband: GGP Media GmbH, Pößneck
Printed in Germany
ISBN 978-3-579-06687-5
www.gtvh.de

Inhalt

I. Melancholie
Das verkannte Gefühl

1. Behutsam bitte!
Eine vorsichtige Annäherung

Ein hüpfender Mann

Auf einem Waldweg kam mir im letzten Herbst ein Mann entgegen, der sich sonderbar benahm. Er sprang hierhin und dorthin, griff sinnlos in die Luft und stieß hin und wieder seltsame Laute des Bedauerns aus.

Auf gleicher Höhe mit mir hielt er an und sagte: »Ich bin nicht verrückt. Aber meine Großmutter hat immer behauptet, ein Laubblatt in der Luft zu fangen, bringe Glück.« Dann hüpfte er munter weiter seines Weges.

Ich schaute ihm nach, und eine bittersüße Stimmung unvergleichlicher Art legte sich über den Waldweg, die Buchenblätter, den Oktober und mich.

Die Mischung war aber auch allzu reizvoll: Großmutter, Kinderglaube, der Herbst, das Erinnern, Rilkes Zeilen »unruhig wandern, wenn die Blätter treiben«. Es wollte ja gar nicht mehr aufhören!

Melodien mischten sich ein, ein bisschen Chopin, dann das jazzige »Autumn Leaves« und auch »Bunt sind schon die Wälder«, das wir einst im Musikunterricht eher lieblos geplärrt hatten.

Plötzlich roch es zudem noch stark nach Moos und feuchtem Holz, wie es damals roch, als ich mit einer großen Liebe Hand in Hand durch raschelndes Laub schlenderte.

Ich ging weiter. Ein wohliges Schaudern durchrieselte mich. Der Herbstwind fegte jetzt Blätter in Massen herab. Ich brauchte keines zu fangen. Ich war glücklich genug.

Willkommen liebe Melancholie!

Wieso »liebe« Melancholie?

Die Melancholie ist ein oft verkannter und verleumdeter Hochgenuss für die Feinschmecker der Emotionen.

In den oberflächlichen Alltag zwischen ätzendem Stress und dem unerbittlichen Zwang zum Spaß bringt diese Abart der Schwermut ein wärmendes Gefühl von Tiefe. Die Mischung aus Nachdenklichkeit und Sehnsucht, Wehmut und Romantik kann ruhig als »lieb« bezeichnet werden. Denn wer sie in ihrer freundlichen Eigenart einmal kennen gelernt hat und sich mit ihrem Wohlwollen verbündete, hat sie nicht selten tatsächlich lieb gewonnen.

Melancholie – und das kann nicht oft genug betont werden! – steht in scharfem Gegensatz zur schweren Krankheit Depression. Deshalb braucht sie keineswegs gemieden, verheimlicht oder unterdrückt zu werden. Sie muss nicht behandelt werden. Sie ist gesund. Man kann sie zulassen und sich ihr hingeben ohne Reue, Scheu und Scham. Und vor allem ohne die Schmerzen der Depression.

Wie eine in beiden Zuständen erfahrene Freundin zusammenfasste: »Melancholie und Freude schließen sich nicht aus. Depression und Freude schon. Das ist der Unterschied.«

Vor dem Abgleiten in die schlimme Krankheit Depression einerseits und in die Sentimentalität, die Larmoyanz und den Kitsch andererseits werden wir in einem späteren Kapitel gewarnt.

Nicht jeder Mensch hat Begabung zur Melancholie. Aber jeder kann sich um sie bemühen: mit Achtsamkeit, Nachdenklichkeit, Geist und einem Minimum an Bildung.

Melancholie darf man sich leisten, stolz und selbstbewusst. Sie ist ein noch zu hebender Schatz, auf den man stößt auf dem Weg zu mehr Lebenskunst.

Aber nicht nur zu dieser Art von Kunst.

Seit Jahrhunderten kommt schließlich kein großer Künstler ohne einen Hang zur Melancholie aus. Zu überwältigender Musik, ergreifenden Gedichten und Geschichten, aber auch zu den atemraubenden Landschaften und romantischen Stimmungen gefeierter Maler gehört offenbar ein Quantum Wehmut.

Der Künstler bedient sich ihrer. Der Denker sowieso. »Warum Denken traurig macht« nennt der Philosoph George Steiner, Professor für Literaturgeschichte an den wichtigsten internationalen Universitäten, sein Buch mit »zehn (möglichen) Gründen«. Er zitiert in seinem Vorwort aus Schellings »Über das Wesen der menschlichen Freiheit« von 1809: »Dies ist die allem endlichen Leben anklebende Traurigkeit, die aber nie zur Wirklichkeit kommt, sondern nur zur ewigen Freude der Überwindung dient. Daher der Schleier der Schwermut, der über die ganze Natur ausgebreitet ist, die tiefe unzerstörliche Melancholie alles Lebens.«

»Wer zu Ende denkt, muss melancholisch werden«, lautet kurz und treffend auch ein bekanntes Bonmot – gerne zitiert von den Denkfaulen, die um ihre gute Laune fürchten. Tiefgründige Gestimmtheit gehört nun mal zu jeder Art von schöpferischer Kraft. Derart angereichert benutzen wir unsere Energie und Kreativität für eventuell anstehende große Probleme; aber genau so wichtig: Wir profitieren von der Melancholie auch bei all den Träumen, Wünschen und Plänen des täglichen Lebens.

Zurück zur »lieben« Melancholie:
Ich habe auf dem Waldweg, als ich dem hüpfenden Mann nachsah, gar nicht anders gekonnt, als diese plötzlich auftretende geballte Stimmung überrascht zu begrüßen, freundschaftlich anzunehmen und mich von ihr schließlich genussreich überwältigen zu lassen.

Und da es keine ungewollte Vergewaltigung war, bot es sich an, die Melancholie »lieb« zu nennen.

Ach!

Es gibt ein kleines Wort, das ich auffallend oft hörte, wenn ich vom Thema dieses Buches berichtete. Und das ging so:
»Worüber schreiben Sie denn?«
»Über die Melancholie.«
– Pause –
»Ach.«

Tja. Ach!
Und das ist dann auch schon die eigentlich beste Art, auf den Begriff Melancholie zu reagieren.
Denn einerseits wird das kleine Wort »ach« ziemlich mutwillig und widersprüchlich bei allen möglichen Gelegenheiten eingesetzt: »Ach wirklich?« »Ach was!« »Ach wie schade!« »Ach wie schön!«
Andererseits taucht es selten im Zusammenhang mit extremen Gefühlen auf. Der Überglückliche sagt nicht »ach«. Der Unglückliche auch nicht. Nicht einmal der Tieftraurige.
Das gedehnte Ach jedoch, im Raum stehend, von Sprechpausen eingerahmt, entfährt am ehesten dem Nachdenklichen, der innehält und reflektiert, dem Sehnsüchtigen, dem Sensiblen. Das Ach als so genannter »gesprächseinleitender Partikel« – wie die Sprachwissenschaftler sagen – ist kein Klagelaut.
Aber es ist gespenstisch oft mit einem Seufzen verbunden.

Und? Was gibt es bei der Melancholie da lang zu seufzen?
Ach – es ist ihre alles durchdringende Kraft, die uns im In-

nersten nicht ohne einen gewissen Schmerz treffen kann. Und es ist zugleich ihre bittersüße Verlockung. Sie ist die große Verführerin zur kleinen Traurigkeit. Schmerz hin oder her.

Und außerdem macht sie einem das Leben schwer bei der Entscheidung, ob man sich ihr nun lustvoll hingeben oder sie vertreiben soll, wenn sie sich nähert – übrigens oft von einer Sekunde auf die andere.

Da wird man ja wohl noch ein wenig seufzen dürfen.

2. »Stimmt mit unserem Kind etwas nicht?«

Ein paar frühe Erfahrungen

> *»Kühles Treppenhaus*
> *das Licht durch blumige Scheiben*
> *riecht ganz nach Blau und Grün*
> *mit den Fingern*
> *an den Lilien entlang*
> *eine wie die andere*
> *Kachel und Klavier*
> *vom zweiten Stock*
> *über gebohnertes Holz*
> *draußen die Sonne*
> *voll auf die andere Straßenseite*
> *kein Mensch unterwegs.*
> *Was wird das Leben*
> *denn noch*
> *alles bringen?«*
> (Mariela Sartorius)

Soweit der Tagebuch-Eintrag eines noch recht jungen Menschen; genauer: eines wohl etwas frühreifen Kindes. Offenbar handelt es sich um einen einsamen Aufenthalt im Treppenhaus eines eleganten Altbaus, vielleicht an einem heißen Sonntagnachmittag, als alle anderen beim Baden sind. Dieses elegische Kind, das sich wenig aus plantschenden und kreischenden Horden macht, lungert stattdessen im elterlichen Haus herum. Nicht unglücklich, aber auch nicht überschäumend glücklich. Und was macht es? Es macht sich Gedanken, es formuliert, es führt Tagebuch.

Melancholiker schreiben für ihr Leben gern.

Früh schon übte auch ich mich in Poesie: Diese Werke, trist bis triefend, wurden vorwiegend anlässlich der Geburtstage nächster Verwandter fabriziert. Über Jahre hinweg boten sich lyrische Ergüsse als preisgünstige Weihnachtsgeschenke für die Familie an. Die geistige Investition fiel leichter als das Opfern des Taschengelds. Da mischte sich früh-merkantiles Denken mit früh-melancholischem Fühlen.

Zudem schienen die Verwandten stets begeistert, ja gerührt (manchmal zu Tränen wegen unterdrückten Lachens). Sie brauchten meine Gedichte (oft in so genannten freien Rhythmen, die sich nicht reimen und umso schneller erstellt sind) weder umzutauschen noch zur Änderungsschneiderin zu bringen. Die Poeme nahmen keinen Platz weg, schmutzten nicht und mussten weder aufgehängt noch aufgestellt werden. Allen Seiten war gedient.

Die Lust am Dichten blieb. Und es ist erstaunlich, dass sich inzwischen ein Skilehrer, eine Fußpflegerin, ein Mechaniker, ein Neurochirurg und eine Immobilienmaklerin, mit denen ich ins Gespräch gekommen bin, als Poeten-Kollegen outeten. Verschämt zuerst, dann zunehmend begeistert. Schließlich gaben sie sogar ihre Süchtigkeit nach dem Dichten zu. Inzwischen tauschen wir ohne Skrupel unsere Ergüsse aus.

Gemeinsamer Nenner: Alle Zeilen zeugen von einem gehörigen Schuss Melancholie. Da schämt sich kein Skilehrer seiner Sehnsucht und keine Managerin ihrer Schwermut. Und weil die Melancholie die Freude nicht ausschließt, sind alle glücklich mit ihrem Tun.

Sich über ein Fotoalbum beugen

Melancholische Momente gab es zur Genüge in meiner
Kindheit. Es waren scheinbar alltägliche Situationen. Sie
mit starken Empfindungen aufzunehmen oder als banal
abzuhaken, sich ihrer später voller Wehmut zu erinnern
oder sie alsbald vergessen zu haben – das macht den Unterschied aus zwischen dem Sensibelchen und dem groben
Klotz.

Ein empfängliches Kind wird für den Rest seines Lebens
ein (auch) nachdenklicher Mensch bleiben. Und der un-
aufmerksame Rohling? Wenn es gut geht, wird er vielleicht
noch lernen, ein wenig süße Tristesse in sein Leben zu lassen.

Zauberische Augenblicke der Kindheit: Ich sitze neben
der Großmutter und schaue alte Fotoalben an: Unmögli-
che Klamotten! Gesichter wie vom fremden Stern! Andere
Welten!

»Wer ist denn das? Und wer soll das sein? Ach, und der
süße Hund! Lebt er noch?«

»Nein, du Dummerchen, kannst du nicht rechnen? Der ist
schon seit vierzig Jahren im Hundehimmel.«

Die alte Frau deutet stattdessen auf eine Art wildlockiges
Zigeunerkind mit dünnen braunen Beinen und sagt:

»Das ist deine Mutter in dem Sommer, als meine Mutter
starb.«

Sie wird ganz still und klopft noch ein paar Mal mit einem
gichtigen Zeigefinger auf das schwarz-weiße Foto mit dem
gezackten Rand, blickt vor sich hin und nickt ein wenig.
Ich schaue auf ihren Finger und auf die feurigen Augen der
kleinen Hexe im geblümten Spielhöschen. Hat sie mit ihrer
Großmutter auch alte Fotos angeschaut?

Und wer ist wohl der lustige Junge, der da über eine offenbar selbst gebaute kleine Skischanze springt und dabei fürchterlich grinsen muss? Mit dem wäre man gern befreundet.

»Kindchen, das ist dein Vater.«

Da muss man natürlich sofort aus dem Zimmer laufen und den verdutzten Vater an seinem Schreibtisch heftig umarmen und sich vergewissern, dass dieser Mann mit seinen ersten grauen Haaren hier und jetzt der geliebte Vater ist. Man spürt eine klitzekleine Traurigkeit und weiß nicht warum.

Was sind das für Verbindungen? Was spielt die Zeit für Streiche? Wie hängt alles zusammen? Ich bin froh, dass die Großmutter das Buch zuklappt und mir dringend rät, mich endlich an die Hausaufgaben zu machen.

Das verwirrende Geflecht aus Vergangenheit und Gegenwart, aus Zukunft und Lebenslauf schüchtert ein und begeistert zugleich.

Es ist kein übles Gefühl. Es nagt ein wenig, irgendwas zieht im Brustkorb. Wenn man dem nachgibt, beginnt ein brennendes Gefühl im Rachen, das fatalerweise hochsteigen kann und über die Nase in Richtung Augen drängt. Zu dumm. Wer wird denn weinen? Ohne Anlass. Ohne dass man als Kind den Auslöser, nämlich die Begabung zur Emotionalität, erkennen kann: frühe Melancholie.

Blättern in alten Alben. Das Knistern des Seidenpapiers zwischen den kartonierten Seiten. Staubiger Geruch wie in den Truhen auf dem Dachboden. Stöbern in der Vergangenheit. Heimliche Schatzsuche. Befremdende Rätsel und rätselhafte Entdeckungen. Ist man vielleicht sogar Familiengeheimnissen auf der Spur? Meistens leider nicht. Aber andere Geheimnisse werden nach und nach gelüftet, je älter man wird.

Ist es grausam, alte Fotos anzuschauen? Der Anteil an

Melancholie, der dabei am ehesten schmerzt, ist der Blick auf die Vergänglichkeit; das Bedauern aller Alternden oder auch die Reue der unversöhnt Zurückblickenden. Der traurig murmelnde Grundton des Lebens wird eben manchmal übertönt vom lauten Rauschen vorbeiströmender Zeit. Für ein Kind, das sich über ein altes Album beugt, ist es vorerst nur ein ganz sacht melancholisches Staunen.

Peinliches bei Tisch

»Ich hatte Eltern,
und die waren gut zu mir.
Obwohl ich,
dieses neugeborene kleine Tier,
sie sicher schreckte.
Später leckte
ich meine Wunden, die der Schuld,
gewöhnlich nur an Todestagen.
Doch es jagen
voll Ungeduld
sich seitdem diese Wiederkehren,
und sie lehren,
mich endlich einsehen hier:
Ich hatte Eltern,
und die waren gut zu mir.«
(Mariela Sartorius)

Es war nur eine kleine Episode. Und sie ist mehr als ein halbes Jahrhundert her. Aber sie hat nichts von ihrer Intensität verloren, nichts von ihrer betörenden Kraft:
Obwohl die Mahlzeiten mit den Eltern stets lebhaft, lustig und nicht gerade leise verliefen, obwohl zwischen Streitgesprächen, Nachfragen und Erzählen auch immer wieder

die Tischsitten korrigiert wurden, obwohl der Vater nicht umhin konnte, dem genervten Kind die Historie von *Rifkabylen* zu erläutern oder *bundesdeutsche Minister* abzufragen, obwohl es also immer laut, angeregt und fröhlich zuging bei Tisch – kam eines Mittags plötzlich ein kleines Schweigen auf.

Mir war nicht aufgefallen, was dem vorangegangen war, weil ich Straßen in meinen Milchreis zog, um die Himbeersauce in die richtigen Bahnen zu leiten – auf jeden Fall war es plötzlich still.

Ich schaute auf. Vater und Mutter hatten zu essen aufgehört und blickten sich an. Die Mutter hatte, wie so oft, ein kleines spöttisches Lächeln um die Mundwinkel, der Vater hatte sich vorgebeugt und Samt in die Augen bekommen.

Dann fing er auch noch an, mit geschlossenem Mund zu summen. Eine kleine Melodie, recht nebenbei. Aber offensichtlich mit einiger Inhaltsschwere. Denn sie fiel ein und summte mit. Dann näherten sich auch noch über den Tisch hinweg kurzfristig ihre Hände, obwohl sie noch Besteck darin hielten. Zumindest die kleinen Finger berührten sich. Und ein Lächeln war zwischen ihnen – nicht auszuhalten! Zumindest *für mich*!

Es war nicht die Ausgeschlossenheit, die ich empfand, es war auch nicht die Frage, was denn da los sei und auf die ich keine Antwort wusste. Aber es war ein Augenblick größter, wenn auch unverstandener Übereinstimmung zwischen uns allen. Eine zugleich vibrierende und wohlige Wärme hatte sich ausgebreitet; ein großes Glücklich-Sein. Und dann (obwohl oder weil?) bekam ich plötzlich ein wenig Nässe in die Augen, die ich mit der Serviette wegwischte.

Der Zauber war sofort verflogen. Die beiden, irritiert und schuldbewusst, kurzfristig in die Romantik junger Liebender abgedriftet, schalteten sofort den pragmatischen

Rückwärtsgang ins reale Leben ein, hießen mich, gefälligst weiter zu essen und kehrten, wenn auch mit amüsiertem Unterton, zum Nachtisch zurück.

Wann immer ich heute diese Melodie höre, die einst ein recht populärer Schlager war, stimmt sie mich melancholisch. Die Eltern sind schon lange tot, das Lied eigentlich auch. Aber ich habe mir eine alte Aufnahme davon besorgt. In ihr höre ich Erinnerung und frühes Unverständnis heraus, eines der vielen sowohl wunderbaren als auch wehmütigen Rätsel der Kindheit. Sie vermengen sich heute mit späteren Erkenntnissen, mit Nachdenken und Analysieren. Es ist eine grandiose Mischung. Ich kann das Lied übrigens auf dem Klavier spielen. Ohne Not. Und auch ohne Noten. Wenn niemand zuhört, leiste ich mir diesen melancholischen Kick.

Staunen und Verwirrung früher Jahre. Steckte hinter allem stets noch etwas anderes? Wann war Verwunderung angesagt, wann Bestürzung? Vage und ein bisschen unheimlich waberte am Rand des kindlichen Bewusstseins eine Ahnung von Wirklichkeit und Wehmut und von mangelnden Unterscheidungsmöglichkeiten.

Kleine stolze Außenseiter

> »Warum sind alle hervorragenden Männer,
> ob Philosophen, Staatsmänner, Dichter oder Künstler,
> offenbar Melancholiker gewesen?«
> (Aristoteles zugeschrieben, vermutlich aber von seinem
> Schüler Theophrast verfasst)

Eine erfahrene Lehrerin berichtet: Da gibt es zum Beispiel die Schülerin, die nicht gemobbt wird und dennoch eine

Außenseiterin bleibt. Sie hat alle Voraussetzungen, als Klassensprecherin, als Anführerin, als Vorbild in Fragen der Klamotten, der Jungensanmache, des Sports und der Coolness aufzutreten. Aber sie steht abseits.

Und warum? Weil sie sich absondert. Weil sie den Run auf Fun und den Zwang zum Spaß nicht mitmacht. Sie will keiner Clique angehören. Sie hat eine Freundin, die nicht in dieselbe Klasse geht, und zwei Freunde, die andere Schulen besuchen. Sie hält sich lieber am Rande auf als mittendrin. Wenn sie nicht gerade beobachtet und zuhört, neigt sie dazu, ein wenig verträumt oder gar abwesend zu schauen: entweder durch die anderen hindurch oder am liebsten gleich in die Weite, zu fernen Horizonten und in imaginäre Welten. Ihre Noten sind übrigens gut.

Mit so einer ist gerade noch gut Kirschen essen, aber nicht immer gut Spaß haben und kaum je gut *Party machen*.

Dann gibt es den Schüler, der lieber mit den Freunden seiner Eltern zusammen ist als mit Gleichaltrigen. Er liest viel und musiziert gern, vor allem allein. Er macht lange Spaziergänge mit dem Hund. Er ist keineswegs altklug, kein *Nerd* und kein beflissener Streber. Er schaut nicht arrogant auf seine Mitschüler herab – aber sie langweilen ihn mit ihren immer gleichen Themen zwischen Lehrerschelte und Elektronik, Fußball und Mädchen. Bald wird er allerdings erkennen, dass die Gespräche der Erwachsenen auch nicht gänzlich anders sind.

Aber bis dahin gilt er bei Eltern, Pädagogen, im schlimmsten Fall beim Psychotherapeuten als schwieriges Kind. Die wenigsten erkennen, dass dieser Junge keineswegs auf dem Weg in eine gefährliche Depression ist – sondern nur frühzeitig eine Begabung zur Melancholie entwickelt hat.

Solche Kinder werden nicht in Ruhe gelassen. Sie werden von den Eltern zum Fußball angestachelt oder zum Golfen mitgenommen, zum Ballett angemeldet oder zum tobenden Kindergeburtstag geschickt.

Vielleicht wird der stille Junge einmal ein herausragender Künstler oder Kurator, ein Abenteurer oder Artdirector. Und aus dem Mädchen eine Modeschöpferin, Pädagogin oder Gorillaforscherin. Popmusiker könnten beide ganz gut werden. Nur Berufe wie Banker oder Baulöwe, Spekulant oder Spitzenpolitiker dürften sie weniger interessieren.

Auffallend viele Geistesgrößen und künstlerische Genies schildern exakt eine Jugend, wie sie hier beschrieben ist. Und sie erinnern sich ihrer damaligen Außenseiterrolle nicht mit Bedauern, sondern mit Stolz und auch Vergnügen.

Im Erziehungssystem von heute ist Melancholie bei Kindern nicht angesagt. Die kleinen Persönlichkeiten, die dem Zeitgeist nicht entsprechen (wollen), werden sorgenvoll beobachtet und schnell ausgegrenzt.

Es ist aber auch allzu verzwickt: Hyperaktiv sollen sie nicht sein, zu verträumt auch nicht. Zappelphilipp und Transuse werden zum Arzt gezerrt oder gleich mit Medikamenten auf ein erträgliches, spießiges Mittelmaß eingestellt.

Derweil haben Wissenschaftler herausgefunden, dass die jungen Sensiblen, die für die guten wie die schlechten Außenreize besonders empfänglich sind, höchst dankbar und vielversprechend reagieren – solange die Reize positiv sind. Sie entwickeln sich dann tatsächlich sozial umgänglicher und geistig leistungsfähiger als der ausgelassene Wildfang und der robuste Haudrauf.

Frühe Jugend, Pubertät, Gymnasialzeit und Ausbildungsjahre können bekanntlich Hoch-Zeiten mürrischer Melancholie sein. Sie vergehen ansonsten mit den üblichen

Extremen zwischen Tobsuchtsanfällen, Lethargie, Aufsässigkeit und Überschwang, schrillen Lachkrämpfen und weinerlichem Schweigen.

Auch der Melancholie muss man Zeit lassen, erwachsen zu werden.

Und dann eines Tages nach dem zugegeben ziemlich langsamen Eintreten einer gewissen Reife ändert sich das, was bisher als Melancholie nicht erkannt und deshalb unüberlegt oder trotzig hingenommen worden ist.

Der Mensch beginnt nachzudenken. Nicht nur über die Fragen, was anziehen?, was wählen?, warum Akne?, sondern auch über die Auswüchse der eigenen Gefühlswelt; eine Welt, die dermaßen verwirrend zu sein scheint, dass es an der Zeit ist, Ordnung hineinzubringen. Der Mensch fängt also an, seine Melancholie zu analysieren. Und sein Vergnügen beginnt.

Wer nunmehr nachdenklich bis tiefsinnig wird, beim Wein oder beim Spargelschälen, neben dem nörgelnden Freund im Auto auf einer ermüdenden Fahrt oder neben der jungen Ehefrau im frühmorgens reservierten Liegestuhl, beim Reifenwechsel, in der Schlange vor der Kasse des Großmarkts, spätabends an einem Tresen, beim Wässern des Gartens oder vor dem Badspiegel – wer innehält und sich für Momente darüber klar wird, wie das Leben abläuft und warum ihn das überhaupt etwas angeht und wieso ihn das dummerweise auch irgendwie traurig macht – dem bleiben zwei Möglichkeiten: Entweder man wird umgehend und ohne Zögern oder Abwehr melancholisch. Oder man flüchtet zur Fernbedienung, zum *Shoppen* oder zum Sudoku. Hauptsache Ablenkung.

Hiermit schließen wir das Kapitel über den Werdegang des Melancholikers ab: Aus dem traurigen Anfänger in Sachen Melancholie ist der sehnsüchtige Schüler geworden. Und vielleicht, mit ein bisschen gutem Willen, kann er eines Tages ein genießender Meister-Melancholiker sein.

3. Mit der Wehmut kokettieren

Schlendern, räkeln, lila Klamotten

> *»Driften und dümpeln*
> *und wabern und wehn*
> *federleicht*
> *vogelfrei*
> *flüchtig*
> *doch sehn*
> *süchtig*
> *in Sturm*
> *oder Sog*
> *zu vergehn.«*
>
> (Mariela Sartorius)

Ja, was denn nun?

Heranwachsende Melancholiker wollen eigentlich leicht und frei sein, schämen sich aber dennoch nicht ihrer Sehnsüchte. Die kindlichen Empfindungsreichen, die nicht wussten, wie ihnen geschieht, werden sich nunmehr ihrer Schwermut bewusst.

Nicht ohne Koketterie werden die gefühligen Kaprizen zumindest körpersprachlich hinausposaunt. Oder, bei den geübteren Selbstdarstellern, mit verschleiertem Blick und leiser, doch tapferer Stimme scheinbar verheimlicht und gerade deshalb besonders betont. Der alte Trick funktioniert auch der gepeinigten und im Ungewissen gelassenen Mitwelt gegenüber: verbal leugnen, mit Gestik und Mimik aber bestätigen. Schuldbewusste Mütter oder ratlose Partner bleiben am Wegrand zurück.

»Ist was? Sag doch! Hast du was?«
»Nein, nein«, murmelt der Trübsinnige und wendet sich
ab.

Besonderheit? Außenseiterrolle? Emotionale Elite? Noch
hat man sich nicht entschieden.
Gerne würde man jetzt Schuldige für die kippende Laune
finden (ungerechte Mathematiklehrer, eiskalte Kernkraft-
werkbetreiber, erfolgreiche Zehn-Kilo-Abnehmerinnen,
Theologiestudenten, die fabelhaft aussehen, sich aber ver-
weigern), ist aber unsicher, ob es alle zusammen sind oder
niemand davon.
Jedenfalls beginnen sensible Desperados nachzudenken
über Gründe und Anlässe ihrer Tristesse. Und nicht zuletzt über die Wirkung auf die Umwelt. Die Pose wird
wichtig. Junge Melancholiker tragen ihr unbestimmtes
Weh und den umflorten Blick wie das Markenzeichen auf
dem Polohemd. Bei manchen alten Stümpern, die ihre
Melancholie jahrelang ohne jegliches Vergnügen mit sich
schleppen, kippen Outfit und Haltung indessen oft ins
Mürrische, was wenig attraktiv ist und meist in nikotin-
angereichertem Körpergeruch und ausgetretetem Schuh-
werk endet.
Auf die Farbwahl von Kleidung, Auto oder Tapete ist nur
bedingt Verlass, wenn es darum geht, einen Melancholiker
dahinter zu vermuten. Leider sprechen da Mode und Zeitgeist mit. Dennoch hält Schwarz die Spitzenposition: Rap-
pen ziehen den Katafalk. Dunkles ist nach wie vor bei Be-
erdigungen angesagt, und die Chansonnieren der Tristesse
wie Juliette Gréco wären niemals in Pink dahergekommen.
Die eigentlichen Tönungen der Betrübten aber scheinen
Violett und Grau zu sein; das eine steht für laszive Anmut
oder morbiden Unmut, das andere für Trübsinn und Ent-
sagung. Es soll sogar Leute geben, die beides mischen.

Was verbinden Sie mit dem Wort Melancholie?, fragte ich im Bekanntenkreis:

- Marcel Proust und sein Buch »Auf der Suche nach der verlorenen Zeit«,
- Dürer und seine Kupferstich-Abbildungen der Melancholie,
- die Medizin und ihre bis ins Mittelalter hinein übliche Erklärung von Schwarzer Galle,

das kannten sie alle. Aber manche wurden persönlicher: Vom knappen »Alkohol, was sonst?« über verächtliches »lila Klamotten« oder »das ist was für blasierte Snobs« arbeiteten sich die Antworten langsam in intellektuellere Höhen hinauf, um schließlich bei nicht wenigen der Befragten beim Begriff »Nachdenken« vorerst zu enden.

Tatsächlich bricht die Melancholie ja selten ohne Grund oder Anlass in das sonst oft oberflächliche, fröhliche und geschäftige Leben ein.

Sie taucht auf, wenn Gedanken (und Gefühle) mal wieder ihr unberechenbares und lustvolles Spiel treiben: wenn sie einen Sprung tun in die Vergangenheit oder einen großen Schritt wagen in die Zukunft, wenn Erinnerungen in unser Gemüt platzen oder sich Phantasien weiten, wenn Vorstellungen über unseren Horizont gehen und wenn wir ganz demütig erkennen, dass da etwas ist, dem wir uns einfach fügen sollten – kurz: wenn sich das vom Sehnen schwere Herz verbrüdert mit dem, was das Hirn ihm auch noch an Stoff anbietet.

Teuflische Kombination, teuflisch schön!

Solches Denken will natürlich ebenfalls gezeigt sein.

Wie also sieht der den lyrischen Kinderschuhen entwachsene melancholische Mensch aus? Er ist mit Vorsicht und auch Nachsicht zu betrachten. Schließlich ist er kein Kind mehr, das von seiner gelegentlichen Traurigkeit überwältigt wird und wenig damit anzufangen weiß.

Der Jung-Melancholiker ist sich seiner geheimnisvollen Aura, seiner Tristesse und seiner Gedankenschwere sehr wohl bewusst. Viel kann man mit dem geschickten Einsatz von vermeintlicher oder echter Melancholie bewirken: kokettieren, Fragen abwürgen, sich begehrenswert machen, um Neugier buhlen, Verachtung zeigen, Mitleid erheischen, Überheblichkeit signalisieren, Unlust adeln, Maulfaulheit kaschieren.

Body And Soul

Die düstere Seite der Sensibilität lässt sich, einmal gelernt, recht leicht darstellen. Bemerkenswert ist bei diesen Laienspielern im Fach Schwermut der Gleichklang der Haltung: aufgestützter Kopf, gebeugter Rücken, Blick in die Ferne, oft auch zu Boden. (Erst viel später, im Zustand der Meisterschaft, wird der Melancholiker paradoxerweise auch äußerlich wieder ein frohgemuter, vergnügter Zeitgenosse. Aber so weit sind wir noch nicht.)

Vorerst also ein Blick auf die gedankenschweren Grübler mit der umwölkten Stirn und dem entsagenden Mund, in deren Augen immer Spätnachmittag ist und Halbschatten.

Da beugt sich einer im Konzert plötzlich vornüber. Man fürchtet Schlimmstes. Aber er birgt nur das von Ergriffenheit schwere Haupt in der Hand. Andere sitzen gern zu jeder Gelegenheit mit der Hand an der Stirn da: Von André Heller, einem begnadeten Melancholiker, gibt es kaum eines der frühen Fotos, auf denen nicht auch die sensible Hand das sensible Kinn stützt.

Andererseits meisterte ich das Gymnasium nur, wenn ich, Stirn in der Hand, die Augen versteckte, um bei Prüfungen auf den Spickzettel schielen zu können.

Auch die Schulfreundin, eine gewiefte Sensitive, wenn's drauf ankam und die später zur knallharten Bankerin avancierte, saß oft genau so da wie Auguste Rodins allseits bekannte Skulptur »Der Denker«: den Kopf in die Hand gestützt.

Wie man sich irren kann, erklärte die schwer denkende Dame später so: »Ich kam ja oft erst spät aus der Disco. Hast du eine Ahnung, wie müde ich in den ersten Stunden war, außerdem hatte ich einen Kater und Kopfweh. Da stützt du gern deinen Kopf auf, der dir sonst ins Lateinbuch kippt.«

Rodin aber hat es ernst gemeint. Dürer auch. Sein berühmter Kupferstich »Melencolia I« von 1514 zeigt die Schwermütige selbstverständlich mit dem in der Faust aufgestützten Kopf.

Gebärde und Miene können natürlich täuschen. Der Pantomime Samy Molcho schilderte mir einmal, wie er, der später Professor für Körpersprache wurde, darauf hereinfiel: »Ich war ein noch junger Pantomime und hatte einen meiner ersten Auftritte. In der vordersten Reihe saß ein gefürchteter Kritiker, der fortwährend mit zusammengezogenen Augenbrauen den Kopf schüttelte. Ich wurde immer verzweifelter. Nach der Vorstellung kam er zu mir und sagte (noch immer mit zusammengezogenen Augenbrauen den Kopf schüttelnd): ›Fabelhaft, junger Mann, ganz fabelhaft!‹.«

Mimik, Gestik und Körperhaltung der Melancholiker signalisieren, dass man es als solcher nicht leicht hat. Denn außer dem in der Hand ruhenden schweren Kopf sehen sie sich häufig gezwungen, den ganzen Körper irgendwo und irgendwie abzustützen.

Der Romantiker Caspar David Friedrich, von dem es kaum ein nicht-melancholisches Bild gibt, zeigt eine Frau, die den Mond betrachtet und sich auf ihren Begleiter stützt; ein Mann, der übers Nebelmeer schaut, stützt sich auf seinen Stock; ein Schäfer stützt sich auf seinen Stab, eine Frau aufs Fensterbrett.

Wer sich körperbewusst der Melancholie hingibt, hat die Hände frei, um Stirn, Schulter, Stock und Stab zur Erleichterung der Erden- und Sorgenschwere zu nutzen. Elegische Grübler hantieren während ihrer seelenwunden Phasen nicht mit den Töpfen für ein mehrgängiges Menü *à la minute* oder müssen ihren Polizeibericht in die Tastatur hämmern; kein Pilot kann im Landeanflug den Steuerknüppel sinnend loslassen, keine Unfallchirurgin legt träumerisch mal kurz das Skalpell weg, kein Tennisspieler entledigt sich im Match des Schlägers, um sich einer kleinen Traurigkeit hinzugeben. Selbst beim Kartoffelschälen würden erfahrene Schwermütige das Schälmesser sinken lassen, wenn sie versonnen in die Ferne schauen wollen.

Vladimir Horowitz, einer der größten Pianisten, gab in Zeiten seiner Schwermut keine Konzerte. Die Finger spielten nicht mit.

Melancholiker gehören nicht gerade zum hopsenden Typ Springinsfeld. In Bewegung sind sie schnell zu erkennen. Zum gesenkten Haupt gesellt sich der schleppende Gang. Ein elegischer Flaneur kann voller Weltschmerz durch die Straßen schlendern. Ein tief in Gedanken Versunkener setzt behutsam Fuß vor Fuß; und stolpert dennoch gern mal. Die Romantiker bleiben bisweilen stehen, um einem Vogel zu lauschen oder um nach den Sternen zu schauen.

Da trippelt kein frohgemutes Fräulein, da hastet kein gehetzter Hedgefond-Manager.

Die eifrigsten Nordicwalker und verbissensten Jogger berichten allerdings von erstaunlichen Nebeneffekten: »Ab Kilometer zwanzig oder dreißig setzen bei mir sehr wohl Ausnahmestimmungen ein. Der Schwall der ausgeschütteten Endorphine steigert das Glücksgefühl. Aber nicht ins Himmelhochjauchzende, sondern manchmal sogar in Richtung einer ganz seligen Melancholie«, sagt ein Marathonläufer, Typ harter Brocken.

Das zeigt wieder einmal, dass Melancholie wenig mit Traurigkeit zu tun haben muss – aber viel mit Wollust zu tun haben kann.

Mancher melancholische Insider von heute, auf der Höhe des Zeitgeistes und bemüht um ein verfeinertes Lebensgefühl, ergeht sich ansonsten in ostentativer Müdigkeit und luxuriöser Langeweile. Er hängt nicht nur gern *herum*, er hängt auch gern *ab*. Er *chillt* auf ausgreifenden Sofalandschaften in angesagten Clubs und Lounges und verweigert Tanz und Flirt. Anfangs räkelt er sich noch lässig auf den weichen Kissen, im Laufe der Nacht aber und des fortgeschrittenen Alkoholkonsums fläzt er nur noch unzierlich. Niemand wirkt da gegen Morgen mit Anmut hingegossen wie einst die Models der Jugendstilmaler mit ihren müden Körpern und entsagenden Gesichtern, laszive Augenweiden allesamt.

Kopfstütze, schlendern, räkeln. Was noch?
Melancholiker *lehnen* oft: an Türpfosten, an Baumstämmen, an Kotflügeln.
»Der Sommer stand und lehnte und sah den Schwalben zu«, sagt Gottfried Benn in seinem wunderbaren Gedicht »Astern«. Wir sehen ihn vor uns, den Sommer, gegen Ende

seiner hohen Zeit ein wenig geschwächt und von der Vor-
ahnung des baldigen Herbstes schon angekränkelt. Über-
drüssig seiner selbst?

Das Erscheinungsbild der Selbstdarsteller unter den Melancholikern ist nun klar umrissen. Sie haben in der Kunst
wie im Kino (Greta Garbo, James Dean; die moderneren
wechseln das Rollenfach häufiger) Vorbilder, an denen sie
Mimik und Gestik ausrichten können. Bleibt noch das
Üben zu Hause vor dem Spiegel. Kleiner Hinweis: Gespiel-
te Melancholie funktioniert nicht immer. Allzu schnell
kippt das Hehre ins Lächerliche.
Wie auch immer: Melancholiker erleichtern ihren Mitmenschen oft die rasche Einschätzung ihrer jeweiligen
Gemütslage. Man wird es ihnen danken, beziehungsweise
das Weite suchen.

Eher heimliche Geliebte als guter Kumpel

Wie aber sollen wir uns die Melancholie selbst vorstellen?
Sicher weiblich. Das ist sie in fast allen Sprachen dieser
Welt. Aber ihre feminine Form wird unterschiedlich beschrieben. Es ist die Mischung, die sie ihren Verehrern
begehrenswert und ihren Verächtern unheimlich macht.
Sie gibt sich spöttisch und traurig und überlegen und verletzlich wie Botticelli-Figuren. Da soll man sich noch aus-
kennen.
Ihr Auftreten befremdet die einen und verzaubert die anderen:

• »Hör mir bloß mit der auf«, sagt vielleicht jemand, der
  schlechte Erfahrungen mit ihr oder ihresgleichen gemacht hat und künftig jeglichen Kontakt mit ›der da‹

meidet. Ein bisschen Angst schwebt mit. Vielleicht hat sie ihn einmal abblitzen lassen und stattdessen an ihre böse Verwandte, die Depression, weiterreichen wollen.

- »Ich finde sie nicht so übel«, sagt jemand, der sich ihr gern ein wenig nähern möchte. Er hat Spannendes über sie gehört, von Kunst- und Geistesgrößen, von Dichtern und Denkern. Aber er traut sich noch nicht so recht an diese Schillernde heran.
- »Ihr habt ja keine Ahnung«, sagt eine dritte Person, lächelt wissend und wehmütig und verlässt die Runde zu einem neuen Rendezvous mit ihrer Herzensdame.

Ein kluger Brieffreund schwärmte wie ein Menschenkenner von einer Geliebten. Er schrieb: »Ich meine, sie zu kennen, kann sie aber nicht visuell wahrnehmen. Gestaltlose Gestalt – jedenfalls sehr unbestimmte Konturen und Züge. Ihre Präsenz fühlend spüre ich sie hautnah bei zahlreichen Anlässen. Ihr Wesen hat mit Leichtigkeit, Sehnsucht, aber auch mit einer sanften Trauer, einem unbestimmten Weh, kaum Schmerz, zu tun ... Sie ist so facettenreich, doch in keiner Weise sentimental oder rührselig ... sie kennt kein Selbstmitleid und keine Aggression ... tränenfeuchte Augen, ironisch zwinkernd, dann wieder ein clownhaftes Lächeln, voll Komik und Weisheit ... eine brückenlose Distanz gegenüber den kleinen Nichtigkeiten unseres Lebens ... fragil, skurril, immer unangepasst, alle Grenzen überschreitend.«

Eine befreundete Opernsängerin beschrieb sie so: »Es ist ein Gegensatz und eigentlich kaum vereinbar – aber für mich ist sie sowohl kapriziös als auch Kumpanin, sowohl launenhaft als auch zuverlässig. Sie ist ein bisschen eigensinnig, kommt und geht, wann sie will. Und dennoch kann ich mich auf sie verlassen wie auf einen guten Kameraden, wenn ich sie wirklich brauche.«

»Und wann brauchst Du sie?«, fragte ich.

»Um mich zu erden, wenn ich zu übermütig werde. Vor einem Auftritt. Vor einem schwierigen Solo – und natürlich immer bei den entsprechenden Rollen.«

»Du kannst sie abrufen?«

»Nein. Im richtigen Moment findet sie mich.«

Frage an einen Maler: »Wenn Sie die Melancholie zeichnen sollten – wie sähe die aus?«

»Sicher nicht wie die *Melencolia* von Dürer! Nicht so schwer, nicht so düster, kein unattraktives Weib. Ich bin schließlich ein Mann und sehe Frauen einfach anders, vor allem solche, die ich mir ausmalen kann und die ich mir so reizvoll und verführerisch vorstelle wie die Melancholie. Sie hätte auf jeden Fall einen sehnsüchtigen Blick ins Nirgendwo, jedenfalls nicht auf den Betrachter. Sie würde höchstens ein winziges rätselhaftes Lächeln zeigen. Zugleich aber würde sie sich mir entziehen wollen. Sie wäre zart und ätherisch. Allerdings habe ich keine Ahnung, wie ich das malen sollte; zum Modell-Sitzen fällt mir auch wirklich niemand ein von den professionellen Malermodellen oder Frauen aus meinem Umkreis. Sie wäre leicht umhüllt von einem fließenden Stoff in dunklem Rot. Und als Hintergrund würde ich versuchen, Tiefe und einen weiten Horizont zu malen. Auf jeden Fall würde ich mich um sie bemühen müssen – nicht nur zeichnerisch.«

Ein alter Feinschmecker sagte: »Die Melancholie wird ja bekanntlich als bittersüß beschrieben. Ein pikanter Geschmack, wenn man ihn sich auf der Zunge zergehen lassen wollte. Ich verehre sie. Aber ich weiß nicht, ob ich sie küssen würde.«

Und ein vergnügter Einzelgänger meinte: »Die Einsamkeit ist eine gute Kameradin, die Melancholie eine heimliche Geliebte.«

Unbestreitbar scheint die Melancholie weiblich zu sein, für viele auch warmherzig. »Wie ein duftendes Bad«, »sanft wärmend«, »irgendwie mütterlich« – sagen die Leute gern und lächeln entschuldigend.

Im Gedicht »An die Melancholie« beschreibt Hermann Hesse anschaulich seine Auseinandersetzung mit der verschwiegenen Begleiterin, »da mir vor deinem dunklen Auge graute ...«

Er schildert seine vergeblichen Fluchtversuche in den Wein, etliche Liebesabenteuer oder den Hohn und endet: »Nun kühlst du die erschöpften Glieder mir / Und hast mein Haupt in deinen Schoß genommen, / Da ich von meinen Fahrten heimgekommen: / Denn all mein Irren war ein Weg zu dir.«

Das klingt tatsächlich nach einer dieser gütigen Mütter, die im Notfall immer noch ein Alka Seltzer bereithalten. Hauptsache: Man kehrt heim und erkennt ihre Macht an.

Sind Melancholiker verwegene Abenteurer?

Tatsächlich ist die Melancholie eine Gestimmtheit, die sich aus unendlich vielen Gestimmtheiten zusammensetzt; übrigens auch gegensätzlichen oder widersprüchlichen. Das macht sie schillernd und vage. Das Angebot ihrer Bestandteile ist üppig:

Man kann erleuchtet werden und düster, verträumt und nachdenklich, seelenwund und sterbensfroh, phantasievoll und tiefgründig, energiegeladen und gerührt, weh und wollüstig. Manchmal wird der Geist geschärft, manchmal eingelullt; manchmal weitet sich die Seele, manchmal will sie sich in sich selbst zurückziehen.

Melancholie kann angeboren sein, anerzogen, erlernt durch traurige Erlebnisse oder bewusst erworben durch Erkennen, Einsicht, Übung und die Aussicht auf Belohnung: nämlich einen erstaunlicherweise ganz wundervollen Gemütszustand. Dazu bedarf es allerdings erstmal der Bereitschaft.

Deshalb muss man der Melancholie auch ein wenig entgegenkommen und ihr den Weg in Herz, Hirn und Seele ebnen. Diese Bereitschaft besteht aus Mut zum Träumen und zu Tränen, aus Lust an der Sinnlichkeit und am Sinnieren, aus Hingabe ohne Reue, Scheu und Scham. Das ist nichts für Feiglinge.

So gesehen ist der Melancholiker eigentlich ein tollkühner Abenteurer, der sich in grandiose Höhen und düstere Tiefen wagt und dazu weder Sauerstoffgerät noch Taucherbrille braucht.

Wie kann der Sensible solche Gefährdungen überstehen?

Vielleicht werden Melancholiker am längsten überleben. Ihre Schwermut lähmt nämlich nicht (wie es die Depression in ihrer grausamen Form tut), sondern macht erfinderisch. Nicht nur die Künstler – sondern auch die Überlebenskünstler.

Unsere sehnsuchtsvollen Trauerklöße mögen die teils romantische, teils sentimentale Illusion lieben, aber sie unterliegen ihr nicht. Solche Leute sind vielleicht weltabgewandt, aber nicht weltfremd. Ihre Abgewandtheit gründet sich ja gerade auf ihre nicht vorhandene Weltfremdheit: Weil ihnen nichts fremd ist, weil sie mit allem rechnen, weil wenig Schwieriges und Schlimmes sie wirklich überraschen kann, wenden sie sich auch mal von der Welt ab oder drehen ihr und ihrem ganzen Irrsinn zumindest hin und wieder den Rücken.

Was benötigt die Melancholie außer dieser Art des Zutuns noch?
Von außen braucht's da nicht viel Dramatik – nur das Leben, wie es nun einmal ist. Es genügt ihr das gewöhnliche Dasein als solches. Es ist bunt und oft absurd genug. Schließlich ist es für sensible und aufmerksame Leute gespickt mit Anlässen und Auslösern; mit den tiefsten Talgründen der Traurigkeit und den himmelwärts ragenden Graten für rasante Höhenflüge; mit einer Fülle an Anrührendem, Erschütterndem und Unbegreiflichem.
Das kann schrecklich und schön zugleich sein: von der unsicheren Zukunft als Greis bis zum sicheren Endpunkt danach, vom Schauder bei Schumanns Liedern bis zum alljährlich wiederkehrenden Auftauchen der ersten Schneeglöckchen, vom Aufwachen nach einem Alptraum bis zum Warten auf alles noch unbekannt Bevorstehende, vom Blick durch ein Fernglas ins nächtliche All bis zum Mutmaßen darüber, ob über all dem vielleicht nicht doch jemand thront.

Melancholie gedeiht auch gut vor dem Hintergrund der Gegenwelt: der lauten Fröhlichkeit, der Leichtlebigkeit, der oberflächlichen Gedankenseichtheit, der nervenden Spaßgesellschaft. Kurz vor seinem Kollaps in der Welt von Jux und Tollerei gesellt sich dem geplagten Neurastheniker manchmal die Melancholie an die Seite und führt ihn mit sanfter Hand weg von all dem Trubel in die erholsamen, ruhigen Gefilde einer wohligen Tristesse.
Darum sollten Melancholie-Genießer die Gaudiburschen dieser Welt nicht allzu sehr verachten. Man braucht sie allein schon, um sich abzuheben und abzugrenzen. Denn

ohne Leichtsinn keine Schwermut. Und ohne die allgegenwärtige Gedankenlosigkeit kein Nachdenken.

In der melancholischen Gedankenschwere empfinden sich viele nicht abgesondert, sondern der Welt und ihren Bewohnern ganz im Gegenteil vertraut und verwandt; nicht entrückt, sondern besonders nah; verbunden und mitfühlend; herangerückt an das Leben mit seinem Auf und Ab. Auch nicht verloren, sondern lebensfroh – wenn auch nicht lebenslustig – mit den Erkenntnissen, die sie über dieses Leben gewonnen haben. Je schärfer die Aufmerksamkeit, desto eher enthält sie ein Element der Melancholie.

In der Schwermut steckt kein Aufbegehren, aber auch keine Resignation. Der Melancholiker weiß, wie die Welt »tickt«, wie das Spiel geht, wie das Leben abläuft. Er weiß um Tiefen, Abgrundtiefen, Untiefen – und kann sie hinnehmen wie den Wind und das Gras und die Sterne und den Schnee. Er hat sich damit nicht nur abgefunden, sondern auch versöhnt.
Nennt man das nicht Weisheit?

4. Einige melancholische Beispiele,
die ich genossen habe
– und ein paar ziemlich ärgerliche

Im Morgengrauen

Ich sah ihn in einer Julinacht, etwa um vier Uhr früh.
Ich war aufgewacht und wollte aus einer Laune heraus den
Tag in den einsamen Isar-Auen begrüßen.
Im Hochsommer setzt um diese Stunde das Morgengrau-
en ein, dieses Grauen am Morgen, das vielen Menschen
Angst macht. Ein Grund mehr, in die Jeans zu steigen und
zu erkunden, was es denn zu früher Stunde außerhalb von
schweren Träumen oder dem Wälzen von Problemen in
der so genannten freien Natur gäbe.
Noch war es ziemlich dunkel. Von irgendeiner Dämme-
rung nur eine ungefähre Ahnung. Nachts hatte es geregg-
net. Dunst, drückende Diesigkeit, Tau und Feuchtigkeit
ballten die Luft zu einem atmosphärisch unheimlichen
Brodem. Nebelschwaden hingen zwischen den Büschen,
von denen es leise tropfte. Kein Mensch, kein Laut. Auch
die Vögel hatten mit ihrem Lärm noch nicht begonnen.
Ich schlich ein wenig beklommen wegen meines voreiligen
Vorhabens durch den lichten Wald und über die nassen
Wiesen. Bisweilen blieb ich stehen, um zu horchen, ob
mich jemand verfolgte oder ob Erlkönigs Töchter nach mir
greifen wollten.
Und dann hörte ich es. Eine Tonfolge, eine Melodie, kaum
wahrnehmbar. Der verdammte Nebel, der nah und fern in
akustische Watte packt und uns auch mit den Geräuschen
verunsichert, verwirrte mich noch mehr. Halluzinierte ich?

Aber dann sah ich es; beziehungsweise: ihn.

Erst als fahlen Schatten, dann als eine vage Bewegung, schließlich Umrisse. Über eine Wiese näherte sich ein sehr junger Mann. Das Wort Jüngling würde passen. Er war barfuß und hatte lange Haare. Die Hosenbeine hochgekrempelt, ein verknittertes Hemd.

Unendlich anmutig und elegant hielt er eine silberne Querflöte an die Lippen und spielte im Gehen eine kleine traurige Melodie vor sich hin.

Er sah mich nicht. Er hatte die Lider gesenkt und ging in einigem Abstand an mir vorbei. Beim Gehen wiegte er sich ein wenig zu seiner Musik. Seine Züge, so viel konnte ich erkennen, waren wehmütig und träumerisch zugleich. Er war ganz versunken in dieses Gehen und Flöten, in seine Melancholie. Pan und Nöck zugleich, eine Märchenfigur, eine Sagengestalt. Und er machte einen glücklichen Eindruck.

Das war`s dann auch schon.

Der Junge ging weiter. Er ging vorüber wie ein Schwindelanfall, wie eine momentane Rührung, wie ein leichter Windstoß. Bald war nichts mehr zu hören als das Tropfen in den Büschen. Dann begann ein erster Vogel zaghaft aber zuversichtlich zu singen.

Die Wärme des Bauches

Während ich diese Zeilen schreibe, schläft meine geliebte schwarze Labradorhündin *Marei* auf meinen Füßen. Nein, nicht *zu Füßen*, was besser klingen würde und sicher bequemer wäre. Sie liegt *auf* meinen Füßen. Das mag sie offenbar. Und da füge ich mich eben, auch wenn die Zehen abzusterben drohen. Aber die Wärme ihres Bauches kriecht über meine Waden langsam höher, bis sie direkt im Herzen ankommt.

Der unmelancholische Mensch würde sich über die Zutraulichkeit des Tieres uneingeschränkt freuen, sich erheitert bewegen, den Hund wecken, tätscheln, munter mit ihm plaudern.

Der Mensch mit leicht melancholischen Anteilen aber hält durch, hält aus.

Der Hund scheint jetzt zu träumen. Er bewegt sich, strampelt mit den Füßen, grunzt ein bisschen, japst ein wenig, dann ein kleines Wimmern, das in ein halblautes Murren übergeht.

Melancholiker denken nunmehr: Was träumt der Hund? Träumt er überhaupt? Träumt er in Farbe? Ist es ein Alptraum – dann sollte ich ihn aufwecken. Ist es ein süßer Traum – dann sollte ich meine Füße still halten. Sich in andere Lebewesen hineinfühlen zu wollen, ist ein oft lästiges Merkmal aller für Empathie Anfälligen.

Ich muss an Marc Bekoff denken. Der grauhaarige Zausel mit dem Pferdeschwanz lebt in einem Holzhaus in den Rocky Mountains und behauptet: Tiere haben nicht nur die Gefühle Angst oder Freude, sondern auch tiefer gehende Emotionen wie selbstlose Liebe, Mitleid oder Trauer.

Professor Bekoff ist einer der berühmtesten Verhaltensforscher der Gegenwart. Er sagt: Tiere kennen Moral. Sie nehmen Rücksicht und halten sich an Regeln, sie setzen sich für andere ein und kennen das schlechte Gewissen. Kurz: Sie denken nach.

Da will ich mit dem Nachdenken über die zwanzig Kilo auf meinen Füßen nicht zurückstehen: über den Unterschied zwischen Mensch und Tier, über die eigentlich befremdliche Tatsache, dass hier ein Mensch mit einem großen schwarzen Hund zusammenlebt. Wie kann das funktionieren? Wieso funktioniert es so fabelhaft? Wieso entsteht hier Liebe? Und warum ist, verdammt noch mal, ein Hundeleben so kurz?

Da soll man nicht melancholisch werden?

So, jetzt reicht's. Ich strecke meine halb eingeschlafenen Beine aus und verjage das Tier. Das Buch möchte ja schließlich schmerzfrei geschrieben werden.

Glitzern muss er!

Ich bin der Schrecken der hiesigen Schreibwaren-, Spielwaren- und Bücherläden. Inzwischen gibt es Verkäufer, die mir mit abwehrender Geste die Hände entgegenstrecken, sobald ich das Geschäft betrete. So schlimm ist das jedoch auch wieder nicht. Denn ich erscheine dort nur einmal jährlich: gegen Ende November.

Und so tönt es mir entgegen:

»Leider, leider«,

»So ein Pech, wieder nichts dergleichen im Angebot«,

»Ach, die hier gefallen Ihnen ja doch nicht«,

»Wollen Sie vielleicht endlich mal einen anspruchsvolleren?«,

»Wir hätten auch melancholische!«

Nein, nein, nein. Ich will keinen künstlerisch wertvollen, keinen pädagogisch durchdachten, keinen mit Schokolade, keinen zeitgemäßen, keinen sozialkritischen – ich will einen Adventskalender, der mit glitzerndem Sand bestreut ist! Und zwar mit jenem silbrigen Gebrösel, dessen Reste man noch im August trotz verlässlicher Haushaltspflege zwischen den Zehen des Hundes findet oder zwischen den Seiten eines selten benutzten Skiführers. Das unterlegte Bild ist mir egal, obwohl eine intakte Schneelandschaft mit Rehen und Hasen, alternativ Zwergen oder Bären nicht zu verachten wäre.

Wenn ich dann mittels größter Hartnäckigkeit doch noch

einen solchen Kalender auftreibe, sind nicht unbedingt die zu öffnenden, stets klemmenden Türchen und ihre phantasielosen Bilder Quell der Freude, sondern etwas anderes: Der magische Moment, wenn ich den Kalender in einem bestimmten Winkel zur Nachttischlampe drehe und die Augen ein wenig zusammenkneife, so dass ich nur noch ein unbestimmtes Glitzern und Blinken gewahre, einen irgendwie verankerten Gruß aus alten Zeiten, ist mein schönstes Vorweihnachtsgeschenk.

Ich steige hinab in die Melancholie, und eine Welt steigt auf. Sie ist voll von allen Düften der Weihnachtszeit, von allen Melodien, allen Erwartungen und Vorfreuden. Ich werde heimgesucht von einem Schwall an Innigkeit und lasse mich fallen in diesen märchenhaften Zauber.

Mein Dezember ist gerettet.

Klassentreffen

Ein heißes Thema, das entsetzte Ausbrüche von Abwehr ebenso nach sich zieht wie nostalgisch verklärte Gesichtsausdrücke. Für mich sind Klassentreffen unbezahlbare Therapiestunden zum Ziel der (späten) Selbsterkenntnis.

Die Gleichaltrigen kennen einen zum Teil besser als die eigenen Eltern – und auf jeden Fall besser als spätere Ehemänner, Liebhaber, Kinder und Enkel. Wichtige Jahre des Lebens, vielleicht die wichtigsten überhaupt, hat man schließlich Seite an Seite mit dieser Gruppe durchlaufen.

Man hat (neben manch guter Tat, an die man sich aber kaum mehr erinnern kann) oft auch den Idioten gegeben, hat sich blamiert, hat gemobbt, wurde gemobbt, war ungerecht, hat gekränkt und wurde gekränkt, hat andere angegriffen und Lehrer beleidigt, hat gelitten und leiden lassen und in den wichtigen Entwicklungsjahren zwischen zehn und zwanzig sein Innerstes nicht immer verheimlichen können. Wie auch, wenn man täglich jahraus jahrein mit denselben zwanzig Mädchen über den halben Tag lang zusammen ist.

Nun also, nach Jahren, ein Klassentreffen. Mögen andere das als netten Weibertreff abtun, für die Melancholischen ist es bewegend wie eine erste Tanzstunde oder ein Vorstellungsgespräch. Dann steht man einer Gruppe von erwachsenen, gelassenen Frauen gegenüber, die alles wissen! Es bleibt nur die Hoffnung, dass sie einiges vergessen haben mögen.

Aber diese Hoffnung trügt. So, wie man selbst jedes Detail dieser oder jener Mitschülerin noch weiß, so funktioniert das naturgemäß auch umgekehrt. Und es bleibt einem nichts anderes übrig, als sich unverstellt zu geben. Das heißt, wahrscheinlich ähnlich unmöglich, wie man auch damals war. Die anderen tun es offenbar auch.

Klassentreffen gehören zu den heißesten *Hot Spots* im Erwachsenenleben. Wer sie mit Melancholie angeht, wird abends erschöpft aber bereichert wie selten nach Hause zurückkehren.

Und dann gibt es natürlich auch noch Gänsehaut-Effekte. Da nützt keinerlei Selbstbeherrschung. Wenn sich vor Erregung oder Überwältigung die Haare aufstellen und Schauer über den Rücken laufen, spricht der Körper sein Machtwort.

Beispiele? Einen Gletscher kalben sehen. Eine Knospe beim Aufspringen begleiten. Die Hand auf der Flanke des schlafenden Hundes, die sich durch sein tiefes Atmen hebt und senkt. Der Geliebte, der aus der Narkose erwacht und versucht zu lächeln. Einem hoch oben kreisenden Kondor nachschauen. Oder der Moment, wenn jemand als erster Bravo ruft, bevor ihm das Publikum folgt.

Nein, da hilft kein Nimmdichdochzusammen.

Zum Teufel damit!

Nun zu ein paar Ärgernissen:
Mich begleitet ein zugleich mit mir erwachsen gewordener kleiner Hang zur Melancholie. Ich mache kein Hehl daraus. Ich mag diese Begleiterin, die sich nie aufdrängt, die natürlich nicht in eine Depression kippen darf (darauf achte ich geflissentlich) und die mir stattdessen grandiose Momente schenkt.
Andererseits habe ich sie auch schon zum Teufel gewünscht:

• Ihretwegen habe ich mir vor Jahren den Fuß angebrochen, weil ich auf einem nächtlichen Heimweg den Blick nicht vom Vollmond lassen konnte.
• Ihretwegen habe ich, noch nicht volljährig, einem gleichaltrigen Jungen einen Heiratsantrag gemacht, weil mich seine traurigen Augen so einnahmen. Irrtümlich, aber zum Glück, hielt er mich für betrunken und darum für nicht zurechnungsfähig.
• Ihretwegen habe ich einen an sich verhassten Klavierunterricht durchgehalten, um eines Tages all die melancholischen Barpianisten-Evergreens von »Stormy Weather« bis »As Time Goes by« spielen zu können.
• Ihretwegen habe ich einen Job nicht bekommen, weil ich den Zug verpasste, der mich zu diesem Auftrag bringen sollte. Stattdessen musste ich ja unbedingt an einem Stehausschank der Bahnhofshalle ein Gedicht zu Ende bringen, das sich mit der geballten Abschiedsstimmung beschäftigte, die in Bahnhöfen wabert, dass es eine regelrechte Freude ist.

5. Irrtümer, Gefahren – und ein Trost

Die Falle

Wenn es um die Melancholie geht, empfiehlt sich, wie gesagt, eine äußerst vorsichtige Annäherung. Allzu viele Missverständnisse umgeben diese rätselhafte Stimmung, allzu viele Deutungen, persönliche Erfahrungen, Wichtigtuereien.

Da behaupten manche Leute, gefeit zu sein gegen die »süßliche Sentimentalität« – und fallen als erste auf den verlogensten Kitsch herein. Da schmücken sich andere mit ihrer »verträumten Elegie« und sind nichts als schlaffe Phlegmatiker. Gerne mischen sich auch die Hypochonder unter die vermeintlich Übersensiblen und sind doch nur übersensibel in Bezug auf ihre körperlichen Leiden, mit deren Details sie dank fleißiger Lektüre von Arztbüchern jeden Mediziner in den Wahnsinn treiben.

Nicht jede Triefäugigkeit zeugt von Schöpfungskraft (vielleicht ist es ja nur eine Pollenallergie), und nicht jede missvergnügte Tiefgründigkeit ist ein Beweis für intellektuelles oder künstlerisches Genie. Nicht jeder, der ein so genanntes Gedicht zusammenschustert, in dem sich Ach auf Weh reimt, ist ein zweiter Eichendorff. Die einen stimmt vielleicht das Air aus der Orchestersuite Nr. 3 in D-Dur Werkeverzeichnis 1068 von Johann Sebastian Bach melancholisch, die anderen ein Gartenzwerg.

Da gibt es viel zu berücksichtigen und darum ist es ratsam, die Randerscheinungen, sowohl bei den Auslösern als auch bei den Abnehmern von melancholischen Gemütszuständen auf ihren Ehrlichkeitsgehalt hin abzuklopfen. Um nicht böse überrascht zu werden und gleich in die

Fallen zu tappen, die sich um die flüchtige und kapriziöse Schwermut gruppieren, zuerst ein Blick auf einen unguten Vertreter, der sich als Melancholiker aufführt, aber nichts weiter als schlecht gelaunt ist und sich wegen seiner angeblichen Leidensfähigkeit alles erlaubt.

Wieso der Nörgler kein Melancholiker ist

»Hüten Sie sich vor der Traurigkeit.
Sie ist ein Laster.«
(Flaubert zu Maupassant)

Grübeln! Grämen! Grummeln! Grollen!
Subtile Lautmalerei. Hellhörige können sich allein schon durch diese Wörter und ihre rumpelnden Konsonanten vorstellen, um welche Art von Leuten es da geht: um die Miesmacher, die mürrischen Grantler, die Unfreundlichen, um die ewig Unzufriedenen, die Schuldzuweiser und viele andere negativ besetzte Personen.

Kann es sein, dass Miesmacher muffeln? Ich kann sie nicht riechen. Sie verpesten ihre Umgebung. Sie stecken an. Und nach einem Abend mit einem sauertöpfischen Griesgram hängt sein dumpfer Geruch so in den Kleidern, dass man gut daran tut, diese über Nacht auf dem Balkon auslüften zu lassen.
Jeder kennt hin und wieder Phasen der Traurigkeit und gefällt sich manchmal in Melancholie. Hier aber geht es um jene Unkenrufer, die den Selbstzweifel, das Zögern und Zaudern, die Nörgelei und die Kleinmütigkeit zur Attitüde erhoben haben; immer ein bisschen verdrossen, missmutig, larmoyant und grämlich, hadernd mit sich und der Welt.

Das sind die unentwegten Schwarzseher, deren Blick dennoch so geschärft ist, dass sie garantiert in jeder Suppe ein Haar finden. Es sind jene, die keine Kinder »in eine solche Welt« setzen wollen und ganz sicher keinen Baum mehr pflanzen – weil ja doch morgen die Welt untergeht. Der Melancholiker denkt zwar ähnlich, aber er lässt sich das Kindermachen deshalb noch lange nicht verbieten. Und den Baum pflanzt er, weil er sich an den Blüten und Früchten doppelt freut, solange sie noch erscheinen.

Das ewige Kritteln und Mäkeln ist nichts weiter als die bequeme Art, sich davor zu drücken, diese Missstände zu beheben. Ein Jammerlappen ist wie ein nicht ausgewrungenes Putztuch; es kann keinen Dreck beseitigen, sondern verteilt den vorhandenen großflächig.

Werfen wir einen genaueren Blick auf die Träger saurer Mienen, so lassen sich zwei Typen unterscheiden: der ewig Selbstkritische mit den Schuldgefühlen, immer pendelnd zwischen Selbstbeschuldigung und Selbstmitleid. Und der Ankläger aller übrigen Schlechtigkeiten dieser Welt. Beide sind gleichermaßen lästig.

Der Selbstkritiker buhlt auf gerissene Weise um Gunst, Verzeihen, letztlich um Bewunderung. Er rechnet mit dem Widerspruch.

»Wir sind leicht bereit, uns selbst zu tadeln. Unter der Bedingung, dass niemand einstimmt«, sagte die Schriftstellerin Marie von Ebner-Eschenbach.

Und der Bedaurer aller anderen Missstände leistet schließlich einen besonderen Beitrag zu beklagten Zuständen. Er vertieft und verschärft sie durch die bekannte »sich selbst erfüllende Prophezeiung«, also die Vorhersage, die sich dann selbst bestätigt.

Wer sich ständig vorsagt, wie schlecht er und die Welt seien, der wird sich nicht so verhalten, dass er plötzlich das Gegenteil beweisen würde. Er bestärkt die widrigen

Umstände und wird sich immer destruktiver aufführen. Sein Weltbild muss ja schließlich stimmen, damit er neuen Grund zum Jammern hat. Damit leistet er einen fatalen Beitrag zum Schaden der Welt.

Einer jedoch, ein berufsmäßig ätzender Nörgler, fand einen brillanten Ausweg: Von dem amerikanischen Komiker Croucho Marx weiß man, das er allabendlich betete: »Gestern noch ungeboren. Morgen schon tot. Warum sich quälen, wenn das Leben schön ist?«
Seine kleine, private Andacht verband bitteren Realismus mit Wehmut, Galgenhumor und einem Lächeln und näherte sich damit ganz entschieden feinster Melancholie.

Abschiednehmen – hilft Melancholie darüber hinweg?

»Sag beim Abschied
leise ›Servus‹,
nicht ›Lebwohl‹ und nicht ›Adieu‹,
diese Worte tun nur weh.«
(Text: Hans Lengsfelder und Siegfried Tisch, gesungen von Hans Moser, Peter Alexander u. a.)

Die weit verbreitete Sehnsucht nach Dauer ist eine der Sehnsüchte, von denen die Melancholie gespeist wird. Sie begleitet die Menschen hartnäckig ein Leben lang – aber sie erfüllt sich naturgemäß selten. Immer wieder wird sie brutal enttäuscht. Dennoch und wider besseres Wissen geben wir sie nicht auf. Wir halten an ihr fest, wir klammern. Könnte denn etwas Schönes, Gewohntes, Liebgewonnenes nicht zur Abwechslung mal bleiben?
Nein, sagt der Melancholiker. Dreht sich um und bemüht sich, das augenblicklich Schöne, Gewohnte und Liebge-

wonnene zu hegen, zu pflegen und in vollen Zügen mit aller Umsicht und Behutsamkeit zu genießen.

Vor einiger Zeit wurde in einem törichten Werbespot eine selig lächelnde junge Frau, die an der Reling einer Yacht lehnt, gefragt, was sie sich noch wünsche. »Dass alles so bleibt, wie es ist«, flötete die Mimin, der man diese unbedarften Worte in den Mund gelegt hatte.

Melancholiker wissen um die Naivität solcher Aussagen. Nichts davon wird bleiben: Vielleicht kommt Wind auf, und die Schöne kotzt in Kürze. Vielleicht dauert es noch eine Weile, und die Aktien fallen. Und noch ein wenig später entdeckt sie vielleicht graue Haare oder einen Knoten in der Brust.

Abschied heißt der Bösewicht.

Es lohnt sich ein Blick auf den lebenslangen, erbarmungslosen Begleiter. Er ist treuer als jeder Lebensgefährte.

Und da der Abschied von Geburt an bis zum Tode nicht von unserer Seite weicht, tut man gut daran, sich an ihn zu gewöhnen. Der alt bekannte Abschiedsschmerz, den er wieder und wieder verursacht, wird mit der Zeit und der Erfahrung in den sanften Mantel der Melancholie gehüllt. Es ist die Verbrüderung, die bisweilen zwischen Täter und Opfer eintritt, wenn sie sich aneinander gewöhnt haben.

Manchmal stimmen einen dann Trennungen nur noch melancholisch und fast heiter. Da bist du ja mal wieder, alter Kumpel Abschied!

Bahnhöfe sind Hochburgen des Abschieds. Dort ist er fast greifbar. Manchmal kann man ihn riechen. Oft schleicht er sich auch am Ende einer beruflichen Laufbahn ein. Blumen und Geschenke müssen dann herhalten, um ihn erträglicher zu machen. Damit er uns nicht verletzt, erfinden wir Rituale. Wer kennt nicht dieses hektische Austauschen von Adressen nach einer Kreuzfahrt oder einem Seminar? Es geht darum, die unvermeidliche Missempfindung der Trennung zu lindern.

Trennungen tun immer weh. Auch die scheinbar leichtherzigen. Egal, ob wir endlich den Teddybären auf den Speicher schaffen, einen schal gewordenen Champagnerrest wegschütten oder verwelkte Blumen vom Verehrer endlich entsorgen. Wehmut mischt mit.

Trennungen – vom Verkauf des alten Autos bis hin zum Tod eines vertrauten Menschen – können so schmerzen, dass es einem nicht nur die Tränen in die Augen treibt, sondern auch körperliche Leiden entstehen, dass der Mensch süchtig wird nach betäubenden Drogen oder gar, wie es so schön heißt, an gebrochenem Herzen stirbt.

Fatalerweise besteht das Leben nun einmal zu einem großen Teil aus Abschieden, banalen und dramatischen.

Die Geburt ist der erste Abschied. Das Abnabeln belastet Mutter und Kind gleichermaßen. Diese Trennung treibt das Neugeborene in erschrecktes Gebrüll, seine Mutter nicht selten in die postnatale Depression.

Es geht erbarmungslos weiter: Bald schon endet die Kindheit. Vielleicht an jenem Dezemberabend, an dem man merkt, dass der Nikolaus nur ein verkleideter Tennispartner der Eltern ist. Vielleicht zieht eine Familie um, und man muss Abschied nehmen von den Schulfreunden. Dann stirbt womöglich die Großmutter. Bald verlässt man die Schule, um »ins Leben hinauszutreten«. Irgendwann vorher endet auch die Illusion, dass Eltern unfehlbar seien. Längst hat man den ersten Liebeskummer hinter sich. Vielleicht gibt man ein Studium wieder auf, nachdem klar wurde, dass man doch nicht zum begnadeten Regisseur oder Altphilologen geboren ist. Inzwischen hat man auch das geblümte Seidenfähnchen und die in Gesäßhöhe abgeschnittenen Jeans einer Freundin geschenkt, die Puppenkleider für ihre Tochter daraus nähen will. Die Zeit vergeht.

Es heißt Abschied nehmen von der Vorstellung, dass man den Nobelpreis in Chemie erhalten oder wenigstens eine Karriere als Hochseilartistin machen könnte. Und ein Jahrzehnt später muss man vielleicht akzeptieren, dass es nunmehr zu spät ist, ein Kind in die Welt zu setzen.

In einem anderen Fall sind die Kinder flügge. Viele Mütter ertragen diesen Abschiedsschmerz überhaupt nur, indem sie den Entschwundenen Fresspakete hinterherschicken, als gälte es, Nachkriegshungersnöte zu überstehen.

Abschiednehmen, sich Lebewohl sagen, einander verlassen, alles hinwerfen. Wieder und wieder.

Aber eines Tages, vielleicht nur aus Schwäche, vielleicht aber auch aus Einsicht, wird der Kampf gegen Abschiede, gegen Vergänglichkeit aufgegeben. Und man erkennt, dass ohne Trennungen im Leben nichts voran-, nichts weitergeht.

Aber wie soll man sich locker abfinden mit einer Trennung, die das Herz so schwer macht? Soll man etwa diesen kaltschnäuzigen alten Schlager trällern: »Wer wird denn weinen, wenn man auseinander geht? Wenn an der nächsten Ecke schon ein anderer steht?« Soll man zum rückgratlosen Wendehals mutieren? Soll man an nichts mehr hängen?

Die Lösung des Problems ist nicht so schwer, wenn man es schafft, zur Abwechslung mal nach vorne zu schauen. Der Blick zurück ist sowieso verschwommen und unklar durch diesen lästigen Tränenschleier hindurch.

Jetzt wird einem vielleicht wirklich bewusst, während man noch das Taschentuch an die Nase presst, dass nichts Neues, womöglich Besseres entstehen kann ohne Trennung vom Alten.

Das ist dann der Augenblick, sich zu versöhnen mit dem

Unabwendbaren und, mehr noch, ihm sogar Gutes abzugewinnen.

Man braucht ja nicht gleich eine Schwester Leichtfuß zu werden oder ein Ex-und-Hop-Freak.

Wer sich locker von belastenden Dingen trennen kann, macht den Weg frei. Der Baum lässt seine abgestorbenen Blätter fallen, das Wild stößt abgestorbenes Geweih ab. Also weg mit abgestorbenen Gewohnheiten, irrealen Lebenszielen, überkommenen Moralvorstellungen und veralteten Ansichten.

Der so gern am Alten hängende Melancholiker hat ja immer noch seine Schellackplatten, seine Cowboystiefel und das Abiturzeugnis. Das ist über all die Vernunft des klugen Abschiednehmens hinaus sein Luxus.

Ein Mensch, der sich lösen kann, ist der Lösung näher. Selbst der eiserne Reinhold Messner kehrte um, wenn er erkannte, dass widrige Umstände den Gipfel unerreichbar machten. Manche wechseln im Alter die politische Richtung, manche den Lebensstil, immer mehr den erlernten Beruf.

Die Menschen verarbeiten Trennungen unterschiedlich. Einigen fällt es schon schwer, das hübsche, aber zerknitterte Papier wegzuwerfen, in das ihre Weihnachtsgeschenke gewickelt waren. Andere wechseln politische Meinungen wie ihre Unterhosen oder geben bei jeder neuen Mode den bislang geliebten Mantel in den Secondhand-Shop. Gegen Trennungen besonders Allergische schieben es wiederum so lange wie möglich auf, abends die Vorhänge zuzuziehen, weil das den Abschied vom Tag bedeuten würde. Nicht selten sind das allerdings auch jene, die am Morgen nicht aus dem Bett kommen, weil sie sich dann von der Nacht verabschieden müssten.

Das Festhalten am einmal Erworbenen, Ausprobierten, Gesagten und Geglaubten ist ein Urbedürfnis. Bevor es zwanghaft wird, könnte man einem anderen Trieb nachgeben, dem nach Tatendrang und Neuanfang.

Gewohnheitstier und Windhund verstehen sich nicht. Rechthaber und Infragesteller auch nicht. Konservative und Pioniere verachten sich. Reaktionäre und Revolutionäre bekämpfen einander. Sind vielleicht sogar Kriege geführt und Welten in Brand gesetzt worden, nur weil die Fähigkeit zum Loslassen und zum Abschiednehmen beim Menschen so unterschiedlich ausgeprägt ist?

Abschiede er-nüchtern, ent-täuschen und des-illusionieren, denn sie setzen etwas ziemlich Törichtes voraus: nämlich Trunkenheit, Täuschung und Illusion.

Noch ist das Lächeln über diese Erkenntnis bitter. Aber schon wird auch die Heilkraft dieser bitteren Medizin spürbar.

Die melodramatische, dennoch völlig richtige Vorstellung »es wird nie wieder so sein wie vorher« hat einem lange genug Angst gemacht. Jede Veränderung wurde deshalb aufgeschoben. Nur ja nichts aufgeben, nichts hergeben, nicht umkehren, nicht abrücken, nicht loslassen!

Dabei ist diese Angst ziemlich unberechtigt. Viele Trennungen vollziehen sich schmerzloser als befürchtet. Herder hat das 1769 so beschrieben: »Jeder Abschied ist betäubend. Man denkt und empfindet weniger, als man glaubte.«

Die Melancholie, die um das Abschiednehmen wabert, verdichtet sich von Mal zu Mal, von Abschied zu Abschied. Sie reichert sich mit der Zeit in uns an. Sie verdrängt mit den Jahren die Bereitschaft zum ätzenden Abschiedsschmerz, denn den kennt sie ja schon aus vergangenen Zeiten – bis sie eines Tages bei jedem Lebewohlsagen ein Lächeln in die Tränen mischt. Vielleicht sogar ein zart amüsiertes.

Die argentinische Schriftstellerin Norah Lange ist noch weiter gegangen. In ihrem wunderbaren Buch »Kindheitshefte« (Lilienfeld Verlag Düsseldorf, Übersetzung von Inka Marter) beschreibt sie ihren fast wollüstigen Genuss an der Melancholie des Abschiednehmens, den sie sich als Kind folgendermaßen ausmalte: »Immer, wenn ich mir vorstellte, kurz vor einer langen Abwesenheit zu stehen, malte ich mir in allen Einzelheiten die Stimmung aus, die liebevollen Gesten, die Sätze, die ich aussprechen würde, wenn es wirklich dazu käme, dass ich einmal wegfahren würde.«

Dann, so bekennt sie als Erwachsene, trieb sie ihr kindliches Gedankenspiel, von dem sie nicht genug bekommen konnte, auch noch auf die Spitze: »Ich hatte das Gefühl, dass nichts diesen Tonfall leise raunender Trauer erreichen könnte, der Abschiede erfüllt, und indem ich sie unendlich in die Länge zog, ließ ich sie immer wieder an den Anfang zurückkehren und von vorn beginnen.«

Sie wiederholte in Gedanken diese Abschiedsszenen so oft und spielte sie in ihren Tagträumen so intensiv durch, dass »man in einem Tonfall, der sich schon an die Trauer gewöhnt hatte, Adieu sagte.«

Ein befremdliches Kind? Wahrscheinlich eher eine frühe Meisterin in der Kunst der Melancholie.

Warum die Melancholie des Heimwehs mit der Heimkehr nicht immer verschwindet

> *»Driving home for Christmas,*
> *with a thousand memories.*
> *Oh, I can't wait to see those faces ...«*
> (Chris Rea)

Unerfüllte Wünsche oder erfüllte Wünsche, was ist besser? Boshaft formuliert: Was ist schlimmer? In jedem Geplauder über Melancholie wirft alsbald jemand diese Frage auf. Dann geht es voraussehbar weiter: Das Wünschen und die Sehnsucht sowie Bedürfnis und Begehr, Hoffnung und Verlangen (alles Bestandteile vieler Arten von Melancholie) haben auffallend oft mit »Rückkehr« und »Heimkehr« zu tun:

- Rückkehr zu jenem Moment, wenn die Mutter mit dem silbernen Glöckchen das Signal zum Betreten des Weihnachtszimmers gab – und da stand er, der Christbaum!
- Rückkehr zu jenem Verstorbenen, dessen Haar so wunderbar roch, wenn er vom Schneeschaufeln hereinkam.
- Rückkehr in jenes verlassene südamerikanische Land, dessen weite, leere Ebenen so viel Raum ließen für ganz neue Gedanken.

Indessen – manche Erneuerungen, Wiedertreffen, aufgewärmten Episoden und Umkehren sind nicht nur beim Wenden auf den Autobahnen gefährlich, sondern auch im täglichen Leben und Streben mit Argwohn zu betrachten. Nicht immer halten sie, was wir uns von ihnen versprechen, beziehungsweise was sie niemals versprochen haben. Die hohe Kunst der Melancholie soll hier immer mal wieder ausgerichtet werden an der nur scheinbar niedrigeren Kunst der Alltagsbewältigung.
Zum Beispiel diese grausame Erfahrung: sich verabschiedet haben, aber zurückkehren, weil man den Schirm vergessen hat. Die Gastgeber auf Strümpfen und mit aufgelösten Gesichtszügen. Unduldsam gegenüber dem eben noch umschmeichelten Gast.
Nicht jede Rückkehr ist glücklich.
Der Spätheimkehrer zum Beispiel klopft manches Mal vergebens draußen an die Tür, und der Frühheimkehrer findet den Nebenbuhler im Kleiderschrank. Der von den Toten

auferstandene Wiedergänger modert gelegentlich noch ein wenig (wie bei Stephen King nachzulesen). Das Comeback lebt nur von Rührung. Und die schluchzende junge Ehefrau, die ihre Koffer packt und zurück zu ihrer Mutter geht, wird dieser bald ebenso auf die Nerven fallen wie die jungen Nesthocker, die nach Studium oder Auslandsaufenthalt wieder ins Hotel Mama ziehen.

Dennoch durchzieht die Aussicht auf Heim- und Rückkehr in sentimentalisierter Form unsere Vorstellung von Mobilität wie auch von Melancholie. Sie gehört (zumindest als Möglichkeit) zum Ortswechsel wie der Abend zum Tag. Sie haftet an so gänzlich unterschiedlichen Begriffen wie der Seefahrt und Mutters Rockzipfel, an der Treue wie an der Untreue, an Krieg und Urlaub, Einzelhaft und Almsommer – als jeweils ultimativer Schlusspunkt.

So vielversprechend und erträumt dieser Silberstreif am Horizont aller Sehnsüchte auch sein mag, so ernüchternd fällt oft aus, was man erblickt, wenn man das Licht am sattsam bekannten Ende des Tunnels dann endlich erreicht hat.

Wieso eigentlich malt sich der Mensch eine Heimkehr, sei es eine ins so genannte Reich oder nur eine ins Hotelzimmer nach dem ermüdenden Sightseeing, stets in den wonnigsten Farben und den wohligsten Temperaturen aus?

Es ist wohl der (inzwischen allerdings relativierte) Zeigarnik-Effekt, benannt nach der Studentin Blouma Zeigarnik, die 1927 bewies, dass Dinge gern zu Ende geführt werden. Wer auf einem Zettel vor sich einen Kreis sieht, der an einer Stelle nicht geschlossen ist, wird danach trachten, das fehlende Stück einzuzeichnen.

Kreise gehören demnach offenbar geschlossen. Nur die wenigsten wollen deshalb alle Brücken abbrechen, über die sie zurückkehren könnten. Wer weggeht, will unbewusst auch heimkehren können. Da schließt sich dann zumindest sein Kreis.

Deshalb sind Wendungen wie »Fluss ohne Wiederkehr« oder »Point of no Return« in ihrer Endgültigkeit angstmachend. »Von einem gewissen Punkt an gibt es keine Rückkehr mehr. Dieser Punkt ist zu erreichen«, schreibt Franz Kafka in seinen Betrachtungen über Sünde, Leid, Hoffnung und den wahren Weg.

Wahre Wege aber sind steil und steinig. Also erfindet der Mensch die Reanimation, die Renaissance, das Rebirthing – alles U-turns auf einem eingeschlagenen, eventuell auch wahren Weg.

Das einst Gewesene und zeitlebens Zurückersehnte macht manchen zum Dichter, andere zu Antiquitätenhändlern oder Reinkarnations-Gurus. Fontane nutzte es als Stoff und sparte sich mit seinem Roman »Meine Kinderjahre« eine Psychoanalyse. Er bekannte, sich »an diesem Buch wieder gesundgeschrieben zu haben.«

Sicher haben viele Heimkehren auch ihr Befriedigendes. Und natürlich wird das Vielversprechende einer in Aussicht gestellten Rückkehr manchmal auch eingehalten: Bei dem Unternehmen Mondlandung zum Beispiel ist ja eigentlich nicht nur der erste Schritt im dortigen Staub von Bedeutung gewesen, sondern ebenso war danach auch der erste Bodenkontakt mit der Erde nicht zu unterschätzen.

Der schnelle Blick auf den Anrufbeantworter verzuckert nicht wenigen Heimkehrern das Nachhausekommen. Und das alljährliche Eintreffen der Zugvögel wird hierzulande schließlich auch sehr frühlingsfroh aufgenommen (wobei aber niemand genau weiß, ob die Zugvögel nicht eher ihre Ankunft im Süden jeweils aufatmend als »endlich daheim« empfinden).

Knut Hamsun schreibt in »Pan«: »Oft, am Abend, wenn

ich nach meiner Jagd wieder zur Hütte heimkam, konnte ein geborgenes Gefühl des Zuhause-Seins mich von oben bis unten durchrieseln, ja, mein Inneres in liebe Erschütterungen bringen.«

Durchrieseln! Liebe Erschütterungen! Melancholie schwappt da gefährlich nahe an die Sentimentalität heran. Dennoch ist das eine meiner literarischen Lieblingsstellen.

Zurückzukehren in die Stille im Auge des Taifuns und zu wissen, draußen brodelt der Irrsinn weiter – welch ein vorläufiger, aber umso kostbarerer Genuss!

Was wartet zu Hause?

Drei Umstände erschweren gemeinhin die Rückkehr: der Heimweg, die Ankunft und die Wartenden.

Heimwege sind gefährlich. Die meisten Abstürze passieren beim Abstieg vom Gipfel, die meisten Kinder werden nach der Schule überfahren. Das Pferd wird schneller, je näher es seinem Stall kommt. Odysseus krebste zehn Jahre lang herum auf dem Weg nach Hause, und die Navahos, die sich außerhalb ihres Reservats in Arizona volllaufen lassen, torkeln auf dem Heimweg nach Window Rock wie geblendetes Wild in die Scheinwerfer der vorbeidonnernden Trucks auf dem Highway 264.

Dann die Ankunft. Tränen der Rührung sind erwünscht. Sie lassen sich unmerklich vermengen mit den Tränen der Enttäuschung. Da kommt man zum Beispiel nach einem Klinikaufenthalt heim, aber dort ist man schwächer als je zuvor und vermisst die professionellen Helfer. Und wohin mit den Blumen und den »Herzlich-Willkommen«-Schildern?

»Das Fernblau der Berge verschwindet an Ort und Stelle ganz«, ernüchtert uns Ernst Bloch, der jede Rückkehr »für Illusion« hält.

»Vom Standpunkt der Logik aus war das Törichtste, was ich tun konnte: nach Österreich zurückzukehren.«, bedauert Stefan Zweig. »Ich wusste, es war ein anderes Österreich, eine andere Welt, in die ich zurückkehrte.« Ähnlichen Tort taten sich die Adeligen an, die ihre einstigen Besitztümer im Osten aufsuchten und denen nur ihre Selbstdisziplin verbot, regelmäßig in Tränen auszubrechen.

Vor dem süßen Sog der Rückkehr aber kann nicht genug gewarnt werden. Wenn alle wieder mal gerade aus den Ferien heimkommen, lohnt sich der Blick auf ihre Gesichter. Was für Mienen machen sie hinter den Windschutzscheiben? Wandern ihre Gedanken zum einst oder zum heute erst verlassenen Ort? Was wartet? Hiobsbotschaften, Rechnungen, Mahnungen, verdorrte Pflanzen? Was ist zuerst zu tun? Gleich am Montag zum Arzt wegen des Penizillins? Vorher zur Großmutter ins Altersheim? Wann zum Nachfärben?
Und dann das: dieses Wiedererkennen, innig und dumpf zugleich. Die Erwartung, die eine Enttäuschung schon in sich trägt. Das Heimweh, das – endlich gestillt – tief drinnen ganz leise das Fernweh aufseufzen lässt. Das Fremdeln, das uns kühl umweht – dies alles macht das Zurückkehren oft schal. Die Melancholie der erfüllten Sehnsucht, des gestillten Heimwehs schlägt zu, noch während wir die Waschmaschine anlaufen lassen.

Was das Heimkehren endgültig erschwert, ist der Umstand, dass man meist erwartet wird – eine nicht für jeden angenehme Aussicht. Nicht alle sind so glücklich wie der GI, dem die Liebste daheim, wenn sie noch die Seine ist, ein gelbes Band um den Baum vorm Haus binden soll, damit er gleich vom Bus aus sieht, ob sich das Aussteigen lohnt – und der »hundred yellow ribbons« um den Stamm vorfindet, wie es im anrührenden Song von Tony Orlando aus dem Jahr 1973 heißt.

Alles beim Alten? Als ob nichts geschehen sei? Kirche im Dorf gelassen? So hätte man es gern, obwohl inzwischen jedermann weiß, dass man niemals in denselben Fluss springen kann.
Das Vorgefundene hat sich oft grausam verändert. Da hat sich der Bruder den Bart abrasiert und sieht jetzt aus wie einer im Jura-Erstsemester mit Krawatte. Kinder werden Heimkehrern entgegengehalten, die angeblich die seinen sind, aber auch nicht anders aussehen als fremde Balgen. Dem in hungrigen Stunden mit wässrigem Mund entgegengeträumten Kuchen der Mutter mangelt es an Süße, außerdem fehlt Cognac im Teig. Und die Mallorca-Rentner, für den Lebensabend dorthin ausgewandert, wollen sowieso nur noch zum Sterben zurück in die Heimat.

Eine besonders heikle Rückkehr ist übrigens die des treulosen Partners, beiderlei Geschlechts. Wer erweist da eigentlich wem eine Gnade? War der Anlass, wegzugehen, der gleiche wie jener, wiederzukommen? Kehrt der Heimkehrer »unverrichteter Dinge« nach Hause zurück? Oder überforderten ihn mit der Zeit die zu verrichtenden Dinge auch anderswo? Ach, es müssen schwere erste Tage nach einem solchen Wiederauftauchen sein!

Wer sich auf den Heimweg macht, mischt nahe Zukunft mit ferner Vergangenheit und reichert sie an mit gegenwärtigen Tagträumen voller Sehnsucht. Er baut seine Vision auf das Fundament von unbestreitbar Erfahrenem und Erinnertem und glaubt, das allein ergäbe schon einen warmen Herd, ein sicheres Haus, eine feste Heimat.
Nicht alles Frühere ist automatisch Heimat. Arthur Scho-

penhauer, desillusioniert: »Oft glauben wir uns nach einem fernen Ort zurückzusehnen, während wir uns eigentlich nur nach der Zeit zurücksehnen, die wir dort zugebracht.« Wahn und Wirklichkeit klaffen selten so weit auseinander wie zwischen Heimweh und Heimkehr. Nur wer da Enttäuschungsprophylaxe betreibt, indem er dem Ziel nicht blindwütig entgegenprescht, sondern sich zögernd und langsam nähert, mag verschont bleiben von allzu bitterer Ernüchterung.

Der regelmäßige Rückstau auf den Autobahnen am Ende der Ferien dürfte das Seinige dazu beitragen.

Der Weg von der Trauer zur Melancholie ist steil, aber die Aussicht lohnt sich

>*»Wir sind aus solchem Stoff gemacht*
>*wie Träume sind,*
>*und unser kleines Leben*
>*ist von einem Schlaf umringt.«*
>(William Shakespeare)

Wenn das Wetter mitspielt, das heißt: Wenn es novembrig nieselt oder wenn Mairegen ansteht, wenn der erste Schnee die Einheimischen nicht von ihren Kachelöfen wegbringt oder wenn es so augustheiß ist, dass wahrscheinlich ein Gewitter bevorsteht – mit anderen Worten: Wenn unabhängig von der Jahreszeit Niederschlag in der Luft liegt, dann mache ich mich aus gutem Grund, den ich noch erklären werde, auf zu einer bestimmten Wanderung.

Es ist eine Grab-Wanderung, die allerdings zu einer Grat-Wanderung wird zwischen Trauerarbeit und jenem Phänomen, das unter Kriminalern bekannt ist als das »Zurückkehren des Täters an den Ort seiner Missetat«.

Nicht die Natur allein, mit Moos und Mond, Heideröslein und Kreidefelsen, stimmt bekanntlich den gefühlvollen Wanderer sentimental. Es sind erst die Gedanken, Erinnerungen und Gefühle, die ihn dabei überkommen. Sie können ihn auf seinen einsamen Wegen selbst bei Sonnenschein in bedrückende Düsternis entführen. Und manchmal werden nicht nur die Füße in den Stiefeln wund, sondern auch die Seele.

Gedankenschwermütige Flaneure von Handke bis Rilke können ein Lied davon singen. Und es ist beileibe kein fröhlich' Wanderlied.

Auf geht's. Ich wandere also zu einem Grab.

Denn wir zwei sind den Weg hier herauf oft gemeinsam gegangen, zu jenen Dutzenden von Jahreszeiten, die einander in den Bergen abzulösen scheinen. Auf einem runden Hügel unterm Gipfel haben wir uns immer ächzend ins Gras fallen lassen und geschwiegen und geschaut. Sie setzte sich jedes Mal still neben mich, genoss offenbar ähnlich ergriffen wie Quaglio, Kobell oder Gulbransson diese Aussicht ins oft gemalte Tal und auf den See tief unter uns, schaute einer Dohle nach, sagte nie etwas.

Ich war gewohnt, dass sie auf heischendes Fragen wie etwa »Schön, nicht wahr?« kaum antwortete.

Jetzt ist sie tot. Und ich habe die Urne mit ihrer Asche unterm gewaltigen Gipfelkreuz, aber aus gutem Grund noch unterhalb der Baumgrenze, vergraben. Sie hat das größte Grabkreuz, das man sich vorstellen kann. Aber sie hat nicht unbedingt die tiefste Grube, weil sich der Aushub im nur oberflächlich moosig weichen Waldboden schwieriger gestaltete als angenommen.

Ein professioneller Totengräber im vorbereiteten Gottesacker tut sich leicht. Die einsame Diggerin am Berg aber kämpft mit Geröll und Wurzelwerk, bis sich Blut, Schweiß und Tränen zu einer dem Anlass gemäßen Melange vermengen.

Nach vollbrachter Tat habe ich den Waldboden fotografiert und Zweige ins fest getrampelte Erdreich gesteckt, so wie der erfahrene Waldläufer Fährten und Fallen zu markieren pflegt, das hatte ich mal gelesen.

Das Bild indessen ist unterbelichtet und verwackelt. Nie im Leben würde ich die letzte Ruhestätte der geliebten Toten danach wiedergefunden haben. Aber ich habe mir Anhaltspunkte eingeprägt, die ich im Blick nach allen vier Himmelsrichtungen erfassen kann.

Anschließend habe ich noch ein zweites Foto gemacht, indem ich die Kamera auf Armlänge vor mein Gesicht hielt. Es zeigt eine Hundertjährige mit Lehmspuren an der Stirn und verlaufener Wimperntusche.

Die Wanderungen, die wir früher gemeinsam unternommen hatten, waren niemals melancholisch. An ihren Tod hatte ich nicht gedacht. An ihr Grab noch weniger. An eine letzte Ruhestätte nahe unserem Ausguck am allerwenigsten. Als sie dann, dreizehnjährig, gestorben war – wie es für große Hunde nicht unüblich ist – zerrte die Urne mit 1.4oo Gramm auf dem letzten Gang schwer an der Ten gelmann-Tüte. Noch schwerer wog, dass der zusammenlegbare Klapp-Hack-Spaten der Bundeswehr zusätzlich mit 1.1oo Gramm ins Gewicht fiel. Am schwersten wog, dass ich den Umhängekorb mit Last und Bürde scheinbar leichter Hand am Unterarm schlenkerte, sobald Wanderer des Weges kamen. Keine Menschenseele sollte von dem heiklen Vorhaben der Tierseele zuliebe erfahren.

Mit der Beisetzung einer Urne, die Asche und Knochenreste eines Hundes enthält, ist das so eine Sache. Einige vergebliche Anläufe waren vorangegangen. Der Versuch, das Gefäß zum Beispiel in einem Voralpensee zu versenken, schlug fehl.

Das Ding, nach langem Rudern bis Mitte See und damit ausreichend fern von neugierigen Uferpassanten über Bord gehievt, dümpelte in so fröhlichen Sprüngen auf der bewegten Wasseroberfläche dahin, dass kurzfristig der Eindruck entstand, der Hund selbst plantsche, irgendwie wiedergeboren, begeistert in den Wellen.

Die Urne wurde damals in einer peinlichen Blitzaktion wieder an Bord geholt und in die Tengelmann-Tüte gepackt. Das Zurückrudern gewährte ausreichend Zeit, andere Möglichkeiten pietätvoller Entsorgung durchzuspielen.

Der Gedanke ans Erdreich kam auf wie der landauswärts drehende Wind mit seinem Humusgeruch. Der Hündin Lieblingsplatz, wo sie so oft mit breitem Gesäß und auswärts gedrehten Hinterläufen thronte, um ins Tal zu schauen, bot sich an.

Es gibt ja Leute, die gehen nach dem Tod eines geliebten Weggefährten gern noch mal die alten Wege. Ich mag derlei nicht. Es würde, wie das Abhören eines Endlosbandes mit »unserem Lied« die Trauer ins schwer Ertragbare schwappen lassen.

Dass ich nun aber dennoch eine bestimmte, Schritt für Schritt melancholische Bergwanderung seit Jahren immer wieder antreten muss, hat meteorologische Gründe; besonders, wenn es geregnet hat und man nie weiß, wie schnell der halbzersetzte Rohhumus abgefallener Fichtennadeln im abschüssigen Geschiebe weggeschwemmt wird. Mit anderen Worten: Was würden die Bauern am Fuße des Berges sagen, wenn eine kupferne Urne den Hang herabkollern und zwischen ihren Salatköpfen landen würde?

Ich kontrolliere also, ob noch genügend Erdreich überm Gefäß liegt. Gegebenenfalls fülle ich nach. Weinen musste ich dabei nur in den ersten zwei, drei Jahren.

Heute mischen sich Gedanken über den Tod und das Leben davor, Erinnerungen und Dankbarkeit in die Wehmut – es sind melancholische Stimmungen. Sie erscheinen mir wertvoll.

Wenn ich kurz nach einem Regen wieder hinaufsteige zum doppel-elementaren Luft-Erde-Grab, sind die Begleitumstände immer ähnlich. Die Frisur leidet, die Gummistiefel stören. Alle Schnecken dieser Welt liegen wie Kotwürste auf dem Weg. Wenn man eine zertritt, gibt es ein unsägliches weißlich-gelbes Gematsche, an dem der Hund früher gern roch.

Wenn man nach Regen über Wiesen geht, tränkt das die Beinkleider bis obenhin. Als der Hund noch neben mir nach einem Regen durch die Wiesen pflügte und nicht wie jetzt in Pulverform schon droben meiner harrt, glich er nach wenigen Metern einem Seehund. An der anbetungswürdigen Stelle, wo das Gummiartige der Nasenspitze ins Samtige des Nasenrückens übergeht, glitzerten Tropfen.

Nach Regen – und das sind aus besagten Gründen die üblichen Wetterlagen für den Besuch bei der Toten – sehe ich erst, wie weit oben das Grab liegt. Von tief unten steigen die restlichen Wolkenfetzen herauf. Feuchtigkeit drängt sich hellgrau zerfasert gipfelwärts und braucht Zeit, bis sie auf der freien Höhe und im direkten Zugriff der Sonnenwärme verdampfen kann.

Bald siehst du, wenn der Schleier fällt, den blauen Himmel unverstellt – wohl wahr, lieber Eduard Mörike.

Und bald siehst du auch wieder die ersten Boote tief unten auf dem See, denen die Nässe aus dem Stoff gesegelt wird. Das Leben geht bekanntlich weiter.

Warum ich das alles so ausführlich beschrieben habe?

Weil sich Trauer mit Melancholie ausbremsen lässt; deren vage Macht baut Widerstandkraft gegenüber allzu schmerzhaften Gefühlen auf. Weil sich das anfängliche

Leid mit jedem neuen Besuch am Grab unterm Gipfel ein wenig änderte. Weil es inzwischen einer innigen Emotion gewichen ist, und weil es mich auch jetzt gerade wieder melancholisch stimmt, das alles hier noch einmal niederzuschreiben.

Ich wollte das schöne, traurige Gefühl erneut auskosten.

6. Drei Gespräche

Was die Malerin Nicola Klemz, eine Interpretin der Melancholie, über ihre Arbeit zu erzählen hat

Zwei attraktive Merkmale fallen gleich zu Anfang auf. Die Ästhetin betont sie auch entsprechend: das ausdrucksstarke Gesicht, das sie mit einer wilden grauen Haarpracht krönt, und das leuchtende Blau der Augen, das sie in den Farben der Kleidung und des Schmucks wiederkehren lässt.

Überhaupt zeigt Nicola Klemz Mut. Sie gehört zu den wenigen Künstlern, die es heutzutage wagen, in ausgefallenen altmeisterlichen Maltechniken zu arbeiten: mit feinem Pinsel, fast fotografischer Genauigkeit, dem Auftragen diverser Schichten und anderen aufwendigen Arbeitsgängen.

Die Vielschichtigkeit ist ja wohl überhaupt Ihr Thema?

Das kann man wohl sagen. Ich suche den Zugang zu den verborgenen Bildwelten und Symbolen des Unbewussten mit seinen Träumen und Ängsten. Vieles entsteht deshalb erst während des Malprozesses; zum Beispiel beim Betrachten einer abstrakten Farbstruktur, die mein Inneres auf irgendeine Weise berührt und dann sozusagen auf die Leinwand drängt.

Ihre Ausstellungen, auch im Ausland, sind gefragt. Wie nehmen die Betrachter Ihre magischen, teilweise surrealistischen Bilder wahr? Solche, die ja neben Schönheit und Hoffnung auch Leid, Trauer oder Abschied behandeln?

Bei manchen Leuten sprechen solche Bilder eine melancholische Grundstimmung an, die ihnen bisher oft gar nicht bewusst war und die sie nun erstmals zulassen können. Es scheint so, als würden die Bilder in den Betrachtern etwas anklingen lassen, sozusagen etwas Unbewusstes abrufen. Man meint übrigens manchmal, ich sei depressiv. Ganz falsch! Ich bin melancholisch, nicht depressiv. Wäre ich das, könnte ich nicht malen.

»Zeitgemäß« würde wohl anders aussehen?

Allerdings. Heute muss es bunt, laut und fröhlich sein. Aber meine Bilder verlangen eine differenzierte und feinsinnige Betrachtungsweise. Man muss schon genau hinschauen.

Wie reagiert der Kunstmarkt?

Eine Galeristin lehnte mich kürzlich ab. Sie sagte, damit könne sie die nächsten Wochen nicht in ihren Räumen zusammenleben.

Zu melancholisch?

Offenbar. Für mich ist die Melancholie allerdings eine ungeheure Kraft und eben gerade nicht Schwäche oder Verzweiflung. Ich bin ernst und nachdenklich – und das sieht ein sensibler Betrachter meiner Bilder.

Die Personen in Ihren Bildern haben immer traurige Gesichtsausdrücke.

Ich kann kein lachendes Gesicht malen. Das lachende Gesicht ist ja auch in der Kunst verpönt – mit wenigen Ausnahmen wie die lachende Trinkerin von Frans Hals. Das lachende Gesicht ist ja eigentlich hässlich und verzerrt. Höchstens, dass mal gelächelt wird, siehe die Mona Lisa. Traurige Augen sind auch die schöneren. Der Schönheitsbegriff ist in unserer Kultur nun mal mit Melancholie verbunden – und die Melancholie mit Schönheit.

Was empfinden Sie, während Sie arbeiten?

Am Beispiel meiner Landschaften kann ich das gut beschreiben. Ich male Weite, Unbehaustheit, Einsamkeit. Das übt eine unglaubliche Anziehungskraft auf mich aus. Meine Sehnsucht nach Weite und Einsamkeit findet ein Ventil im Malen solcher Landschaften. Es ist, als ob meine Seele dort daheim ist und dorthin will. Diese natürlich unerfüllbare Sehnsucht kann ich mit meinen gemalten Landschaften stillen.

Der Mal-Akt als Erfüllung?

Ja, und als Befriedigung eines Bedürfnisses. Um das zu steigern, male ich sogar manchmal mit Musik, etwa der Schottischen Symphonie von Mendelssohn Bartholdy.

Die kann man fast hören, wenn man Ihre kargen, schönen Landschaften in den gebrochenen Farben sieht.

Der Maler Mac Zimmermann hat einmal gesagt: »Wer phantastische Bilder malt, blickt nach innen, also dahin, wohin ihm sehr schwer ein anderer folgen kann ... Ihm kann der Versuch, seine Phantasien in gültige Formen zu bannen, lebensnotwendig sein.«

Und wie geht es Ihnen, wenn Sie Ihre Phantasien gebannt haben?

Ich kann abrupt trennen, wenn ich in den Alltag zurückkehre. Die Leute sind oft überrascht, wenn sie mich kennen lernen. Ich bin realistisch und pragmatisch – aber meine Seele ist melancholisch. Übrigens noch was: Ich lache gern. Und ich wüsste auch nicht, warum Menschen, die den Zauber der Melancholie entdeckt haben, nicht auch heitere Seiten haben könnten.

Was der Professor Dr.rer.nat., Dr.med., Dr.med.habil. Hanns Hatt über die Rolle der Nase in der Melancholie weiß

Da kommt er hereingesprungen. Ein schlaksiger Jugendlicher von etwas über sechzig, im Rollkragenpullover, die blond-grauen kurzen Haare ein wenig verwuschelt, rangelt kurz mit dem Hund, wirft sich in den Sessel und grinst: Was wollen Sie wissen?

Das soll der berühmte Geruchsforscher sein, der 2004 für den Nobelpreis in Medizin nominiert wurde? Sieht so jungenhaft fröhlich ein weltweit gefragter Wissenschaftler aus, der mit seinen verblüffenden Forschungsergebnissen an der Universität Bochum immer wieder für Sensationen sorgt?

Offenbar ja. Das ist einer, der sich seinem Gebiet nicht nur mit Leib und Seele, sondern auch mit Nase und Vergnügen hingegeben hat.

Ein Geruch kann uns bekanntlich Welten erschließen, Erinnerungen zurückrufen, Stimmungen lenken? Kann die Nase mehr als das Auge oder das Ohr?

Viel mehr! Allein schon deshalb, weil die Nase vierundzwanzig Stunden lang aktiv ist. Die schläft nie. Man kann die Luft ja nicht anhalten und das Riechen bewusst abschalten. Mit jedem Atemzug nehmen wir Duftmoleküle auf, die nachts unsere Träume beeinflussen und tagsüber unsere Stimmungen.

Gilt das auch für den Geschmack? Ich denke da natürlich an Marcel Proust, der sich mit dem Biss in ein Gebäck schlagartig in seine Kindheit zurückversetzt fühlte und aus diesem Erlebnis sein bekanntes Buch »Auf der Suche nach der verlorenen Zeit« machte, in dem es vor allem auch um die Melancholie geht.

Geschmack ist zu neunzig Prozent: Riechen. Jedes Essen wird nur an Aromadüften erkannt. Die erst sind entscheidend für Erinnerungen, in diesem Fall auch für die von Marcel Proust.

Geschmack, also Geruch, kommt bei unterschiedlichen Menschen auch unterschiedlich an. Was bei manchen Leuten gleich die emotionale Seite anspricht, lässt andere kalt. Für die ist ein Geruch dann eher anstrengend, ein Störfaktor. Es kommt darauf an, wie der Mensch strukturiert ist, wie sensibel und vor allem: wie durchlässig für diese Einflüsse.

Warum stimmen uns solche Erinnerungen eher nachdenklich und wehmütig als aufgekratzt und übermütig?

Düfte und ihr Einfluss sind in unseren ältesten Gehirnregionen abgelegtes Informationsmaterial. Das Riechen ist tiefgründig und passt nicht zum oberflächlichen Sekundenereignis. Übermut zum Beispiel ist ein sehr flüchtiges Gefühl, und Augenblicksempfindungen werden nicht langfristig abgespeichert. Aufgekratztsein und Geruch passen einfach nicht zusammen.

Richten sich sehnsüchtige Gefühle, die durch Gerüche hervorgerufen werden, fast immer auf die Vergangenheit? Wird da im Gehirn etwas verknüpft? Mit anderen Worten: Müssen wir diesen einen, bestimmten Auslöserduft schon einmal in unserem Leben gerochen haben?

Wir müssen zumindest Komponenten aus diesem Geruch schon einmal gerochen haben und mit diesem Duft auch etwas verknüpft, also erlebt haben.
Düfte in der Natur, also alle Gerüche um uns herum sind ja keine chemischen Reinsubstanzen. Die Natur mischt wie ein Parfumeur oft hundert und mehr Duftsubstanzen zusammen wie Blütenduft, Körpergeruch, Essensduft – vieles kann da mitspielen. Deshalb genügen manchmal schon einzelne Bestandteile, damit eine solche Sehnsucht entsteht. Eine Emotion, vielleicht sogar unbewusst, muss damit verbunden sein. Damit Melancholie entstehen kann, sollte das Gefühl natürlich ein schönes, positiv besetztes sein. Es genügt da schon der Hauch eines Schals oder eines Gewürzes.

Würde die Nase mit ihren Fähigkeiten bei einem Wettbewerb um den intensivsten Stimmungsbeeinflusser über Auge oder Ohr siegen – wenn man alle drei gleichzeitig (und sich eventuell widersprechend) einsetzen würde?

Nehmen Sie zum Beispiel ein Kaufhaus. Das Angebot kann noch so verlockend sein, das Licht noch so schön, die Hintergrundmusik noch so betörend – aber wenn es stinkt, geht keiner rein. Gerüche haben mehr als alles andere eine Warnfunktion, das Gehirn wägt umgehend ab, wenn Gefahren eine Rolle spielen, zum Beispiel Gefahren für die Gesundheit.
Wenn es um Attraktivität geht, ist der Duft der wich-

tigste Auslöser. Er lockt am stärksten an, weil er den direktesten Draht in die Emotionszentren hat. Lockduft ist der betörendste Reiz überhaupt – zumindest im Tierreich. Deshalb siegt bei Ihrem Beispiel mit dem Wettbewerb auf jeden Fall die Nase.

Kann man denn bestimmte Düfte zu bestimmten Zwecken einsetzen?

Natürlich. Kein Mensch beduftet sich zu einem anderen Zweck als in den Nasen der anderen (manchmal aber auch in der eigenen) gut zu riechen und attraktiv zu sein. Das machen bekanntlich auch Firmen, Kaufhäuser oder Automobilhersteller.

Mit Düften kann man aber auch beruhigen und beleben, die Konzentration steigern, Hormone beeinflussen, den Zyklus verändern, Schmerzen stillen. Viele Geburtskliniken haben inzwischen eine Duftabteilung; entbunden wird heutzutage gern unter Duftentspannung.

Und so werden auch bei der Sterbebegleitung Gerüche und Düfte aus dem Leben des Menschen angeboten, um ihm das Abschiednehmen zu erleichtern. Der Mensch riecht vom ersten bis zum letzten Atemzug.

Wahrscheinlich kann man auch Schwermütige aufheitern. Womit denn?

Falls es ein gefühlvoller Schwermütiger überhaupt möchte, dann eignen sich Zitrus, Bergamotte oder Rosmarin als Stimmungsaufheller, weil sie Serotonin freisetzen. Und für den nervösen Übersensiblen gibt es Rose, Vanille, Orange, Lavendel.

Das wirkt umso besser, wenn diese Gerüche positiv erinnert werden. Wenn sich jedoch ein Mann bei Orangenduft an eine verflossene Freundin erinnert, die ihn immer mit Orangenschnitzen nervte, verpufft die Wirkung.

Für die sensitiven, durchlässigen Melancholiker sind Düfte extrem effektiv, weil sie auf dem schnellsten Weg ins limbische System des Gehirns gleiten und damit auf Stimmungen den besten Zugriff haben.

Aber der Melancholiker will ja nicht unbedingt aufgeheitert werden. Er genießt seine wohlige Sehnsucht. Gibt es für ihn und seine Nase einen Geheimtipp?

Nein, weil jeder Mensch seinen persönlichen Geheimtipp-Duft hat, aus seinem eigenen Leben und Erleben heraus.

Aber *einen* Hinweis gibt es doch: Je öfter man sich seinen Lieblingsduft wohlig hereinzieht, desto besser wirkt er. Wenn ich die schöne Erfahrung verstärke, kann ich mich mit der Zeit darauf konditionieren. Das ist ein Lernprozess; man muss es richtig üben.

Wenn der Duft immer stärker mit Sehnsüchten und Phantasien und Erinnerungen verknüpft wird, mit Kindheit und Heimat, mit dem Plätzchenbacken der Mutter und dem Lavendelkissen der Oma – dann ist das schon eine Art von Glück.

Wie der Regisseur, Autor und Schauspiellehrer Gabriel Reinking Melancholie darstellen lässt

Der vielseitige Theater-Mann stammt aus einer traditionsreichen Theater-Familie: Der Vater war ein berühmter Bühnenbildner, die Mutter eine bekannte Kostümbildnerin. Reinking kennt die Szenerie sowohl von den Brettern aus als auch vom Regiepult her.

Die geübte Stimme des 60-Jährigen verrät jene Nervenstärke, die es braucht, um mit einer Bande von Schauspielern und Laien bei seinen Freiluft- und Festspiel-Inszenierungen zurechtzukommen.

Wie schillernd die Melancholie ist, beweist unser Gespräch: Zuerst auf Abwehr eingestellt (»fürs Theater unbrauchbar«), schwenkt Reinking später um: »Ich muss widerrufen«. Ein spannendes Interview.

Wie haben Sie selbst gelernt, Melancholie darzustellen?

Gar nicht! Melancholie ist ein undramatisches Gefühl. Ein Gefühl, das im Inneren eines Menschen abläuft, sich nicht nach außen kehrt und daher fürs Theater unbrauchbar ist.

Können manche besser als andere einen Melancholiker spielen?

Ja, so wie es bessere und schlechtere Schauspieler gibt.

Gibt es einen Unterschied zwischen Männern und Frauen?

Zum Glück ja! Was die Darstellung der Melancholie betrifft: nein!

Oder vielleicht doch: In unserer patriarchalischen Gesellschaft muss die Frau auf der Bühne und im Berufsleben überhaupt eine größere persönliche Präsenz zeigen, also das Gegenteil von Melancholie. Es müsste daher für Frauen schwerer sein.

Mögen Schauspieler melancholische Rollen?

Ja, sehr! Die Melancholie, als nicht expressives Gefühl, ist als solche kaum darstellbar, sondern ergibt sich aus dem Kontext der Dramaturgie des Stückes oder des Filmbildes. In den Theaterstücken von Anton Tschechow wird Melancholie dargestellt, ja ist der Inhalt der Stücke. Die Sehnsucht nach Zuständen, die jetzt, hier und heute nicht sind. Noch nicht sind. Vielleicht nie sein werden. Seine Stücke sind vollkommen undramatisch. Sie leben nur durch die inneren Gefühlswelten der Darsteller. Sehr schöne, sehr schwierige, anspruchsvolle Aufgaben für Schauspieler! Der ruhige Blick in die Ferne, während es in der Seele brennt.

Die Melancholie ist ja eine sehr vielschichtige Emotion, die sich aus etlichen Facetten zusammensetzt. Nicht leicht für Schauspieler und Regisseure.

Wenn mich meine Lateinkenntnisse nicht im Stich lassen, könnte man Emotion mit e-movere, aus sich herausgehen, übersetzen. Ein Gefühl, welches auch immer, muss aus dem Menschen herausgehen, um dargestellt zu werden. Der Schauspiellehrer Lee Strasberg hat da eine ganze Reihe von Methoden entwickelt, zum Beispiel »Sense Memory«. Zu seinen Schülern gehörten übrigens unter anderen James Dean, Marlon Brando, Dustin Hoffman, Robert de Niro, Al Pacino und Marilyn Monroe.

Was ist Sense Memory?

Tja, wie soll ich das beschreiben? Da muss ich leider etwas ausholen. Die Kommunikationspsychologie lehrt uns, dass siebzig Prozent unserer zwischenmenschlichen Kommunikation nonverbal stattfindet. Was bedeutet dies nun für den Schauspieler, der einen wunderbaren Sprechtext eines Dichters vor sich hat?

Der Schauspieler ist ein Glied in der Informationskette. Der Dichter hat seine Gefühle mit Tinte aufs Papier gebannt. Von dort erlöst der Schauspieler diese Gefühle und transportiert sie mit Hilfe seines Körpers über die Rampe oder das Zelluloid zum Zuschauer. Da nun etwa siebzig Prozent dieser Information ohne das Mitwirken der Sprache stattfindet, muss der Körper sprechen.

Wie kann er das?

So wie im wahren Leben auch. Der Schauspieler muss mit seiner Phantasie und Einbildungskraft den Gemütszustand wahrhaftig erleben, in dem sich die Kunstfigur befindet. Erst dann spricht die Figur zum Publikum.

Wie unterscheiden Sie bei Ihrer Bühnenarbeit zwischen Melancholie, also der sehnsüchtigen Schwermut, und heftiger Trauer?

Heftige Trauer scheint natürlich viel leichter darstellbar zu sein als Melancholie. In Wahrheit ist die Darstellung aller Gefühle erst einmal eine Arbeitshypothese. Lassen Sie mich dies an einem Beispiel erklären. Eine Aufgabe, die Strasberg seinen Schülern stellte, ist: Stellen Sie sich vor, in eine saure Zitrone zu beißen. Stellen Sie sich das mittels Ihrer Phantasie so intensiv vor, bis Sie körperliche Reaktionen zeigen. Wenn Ihr Körper dieses Gefühl zeigt, in etwas Saures zu beißen, dann sehe ich auch als Außenstehender, als Zuschauer, dass die Zitrone sauer ist. Wenn Sie dem Zuschauer die reine Verbalinformation »die Zitrone ist sauer« mitteilen, glaubt Ihnen das kein Mensch.

Wie stellt man als Schauspieler Gefühle in Lebenszuständen dar, die dem Schauspieler fremd sind?

Man baut sich Hilfskonstruktionen. Eine Szene, die man in jedem zweiten Krimi sieht, ist, wie jemandem eine Waffe an den Kopf gehalten wird. Wie stelle ich das als Schauspieler dar, wenn ich dies zum Glück noch nicht erlebt habe? Man kann sich zum Beispiel vorstellen, unter der kalten Dusche zu stehen. Wenn es mir als Schauspieler gelingt, dieses Gefühl des Unwohlseins dank meiner Phantasie und Vorstellungskraft zu produzieren, dann glaubt mir der Krimi-Fan vor der Mattscheibe dieses Gefühl der Angst.

Wie nun sähe die »Hilfskonstruktion« zur Darstellung der Melancholie aus?

Ich glaube, ich muss meiner Antwort auf Ihre Eingangsfrage widersprechen. Melancholie ist sehr wohl darstellbar. Ich muss eben nur bei mir den Punkt meiner eigenen Melancholie finden. Dem alleinigen Denken an eine Sache und dem wahrhaftigen Fühlen folgt der Körper und spricht es aus, so dass der Zuschauer versteht.

Welches sind eigentlich die berühmtesten Melancholiker-Rollen auf der Bühne oder im Film?

Wie ich vorhin sagte, sind eigentlich alle Tschechow-Rollen melancholisch. Ich zitiere einmal frei aus dem Kopf eine Rolle als Beispiel: Ein Arzt in dem Stück »Die Möwe« erzählt, er habe alles im Leben auf das Schönste schon erlebt. Ist gereist, war in Italien, habe die tollsten Frauen gehabt. Nur eines hat er noch nicht erlebt und wird es nie erleben dürfen: »Das ist der Höhenflug des Geistes, den ein Künstler während des Schaffens erlebt.«

Das finde ich so toll, so abwegig, darin liegt so viel sinnlose Sehnsucht und Melancholie und ist unseren eigenen Gefühlen doch so nahe.

Für mich ist allerdings die berühmteste Rolle die des Tramps von Chaplin. Rufen Sie sich das Bild vor Augen, wie er mit seinem Spazierstöckchen und seinen großen Schuhen, deren Schnürsenkel er vorher als Spaghetti genussvoll verzehrt hat, auf der Landstraße der untergehenden Sonne entgegenspaziert. Was gibt es auf der Welt, das noch melancholischer wäre?

7. Vielleicht ist die Melancholie ...

»Das Rosenblatt, der Kilometerstein oder die menschliche Hand sind ebenso bedeutsam wie die Liebe, das Verlangen oder die Gesetze der Gravitation ... Denken heißt, wieder sehen lernen, aufmerksam sein, sein Bewusstsein lenken, heißt, aus jedem Gedanken und jedem Bild (wie bei Proust) etwas ganz Besonderes machen.«

(Albert Camus)

Kurze Seitenblicke auf das schillernde Gefühl

Ist es des Teufels?
Ist es Kitsch?
Krank?
Out?
In?

Widerstehen!

Vielleicht ist Melancholie nichts anderes als jede Art von Nachdenklichkeit, die nicht in Frohsinn oder Wissenschaft mündet; die sich nicht ablenken lässt durch logische Argumentation, das pragmatische Gebot der Stunde oder auch nur durch eine Clique, die aufgekratzt ins Zimmer kommt und uns zu einem Zug um die Häuser überreden möchte.

Nichts für verbissene Streber

Melancholie rechnet mit nichts, will nichts, entsagt eher und verzichtet gern. Sie kennt Leichen, geht aber nicht über sie. Fäuste und ausgefahrene Ellbogen sucht man vergeblich. Sie ist nicht ehrgeizig oder offensiv, wird aber auffallend oft mit Karrieren und Erfolgen des Denkens und der Kreativität belohnt – eine Ungerechtigkeit gegenüber den gehetzten Strebern und verschwitzten Stramplern. Sie ist nun mal nichts für die auf Effizienz Getrimmten. (Dass melancholische Macher – auch die gibt es – nicht selten die effizienteren Macher sind, beweist die Weltgeschichte.)

Auf die Plätze, fertig, los(lassen)!

Melancholie ist nichts für die Glückssucher von der schnellen Truppe: Fünf, sechs einschlägige Taschenbücher begnadeter Glücksversprecher reingezogen, einen Baum umarmt, ein bisschen geweint, im Crashkurs heftig Entspannung geübt, die verkorkste Kindheit nicht vergessen, danach Visitenkarten ausgetauscht – und schon geht's los, nicht lang gefackelt, her mit dem Glück! So klappt es nicht, zumindest nicht für die Jäger des Schatzes namens Melancholie. Die nämlich hat sich schon aus dem Staub gemacht. Plattes Glück und pralle Fröhlichkeit sind nicht ihre Sache.

Furiose Sprünge

Die Melancholie sucht sich gern Menschen, die sie auch zu schätzen wissen. Das sind Leute, die erfahren sind und das Leben mit seinen furiosen Sprüngen und irrwitzigen Salti kennen. Je mehr Begegnungen man hatte, je mehr Kummer durchlitten, Freude genossen, Zumutungen ertragen, Lieben und Geliebt-Werden erprobt, Schweres bewältigt, Vergeblichkeiten durchlaufen, Prüfungen bestanden (oder versaut) – desto größer wird für die Melancholie naturgemäß das Reservoir an Möglichkeiten und die Menge der Anlässe, hier anzudocken.

Licht und Schatten

Melancholie ist die Begabung, eine Sache von zwei Seiten aus betrachten zu können. Der Melancholiker sieht der strahlenden Vorderseite ins Auge und ahnt zugleich die dunkle Kehrseite. Oder er kennt die dämmrige Rückwand und ist deshalb auch dankbar für den sichtbaren Aspekt der Dinge, die beschienene Front; denn für einige Zeit kann so ein Blick alle Schatten kurzfristig vertreiben.
Mit Gesichtspunkten und Blickwinkeln jonglieren die geübten Artisten der Schwermut sehr gekonnt. Das hält wach und lebendig. Deshalb ist dieses Empfinden und Verhalten nichts für

• die Dickköpfe an den Stammtischen,
• blindwütige Eiferer,
• selbstgerechte Spießer,
• fanatische Frömmler,
• engherzige Rechthaber,
• und heimatstolze Scheuklappenträger.

Die Tyrannei des Durchschnitts beißt sich an den Melancholikern jedoch die Zähne aus. Denn wenn es um ihr Paradies geht, aus dem sie vertrieben werden sollen, entwickeln die sonst so Sanftmütigen Zähigkeit und eine unerwartete seelische Härte.

»In eines Holzes Duft«

Eigentlich ist ein Plädoyer für die Melancholie nur eine Aufforderung zu mehr Einfühlungsvermögen und Aufmerksamkeit. Die zerbrechliche Welt bedarf der Behutsamkeit, das fragwürdige Dasein verlangt Wachheit, und die Unerbittlichkeit eines bevorstehenden Endes braucht mehr Nachdenken.

Von Joachim Ringelnatz gibt es ein Gedicht, das heißt: »Komm, sage mir, was du für Sorgen hast«. In ihm ist aufgezählt, was einen aufmerksamen Menschen melancholisch und froh machen kann – wenn er nur empfänglich ist für die Magie und den Zauber dieser Welt.

Einige Zeilen: »Im Faltenwurf einer Decke / Klagt ein Gesicht, / Wenn du es siehst« oder »In eines Holzes Duft / Lebt fernes Land« oder »Ein Windhauch streicht wie Mutter deine Hand / Und eine Speise schmeckt nach Kindersand.«

Und so geht es weiter. Alle Sinne spricht der Dichter an. Man könnte es ihm nachtun. Es muss ja nicht gleich Meisterlyrik daraus werden, aber einen Versuch ist es wert. Melancholiker dichten, wie bereits ausführlich dargelegt, sowieso für ihr Leben gern.

Gleich um die Ecke

Melancholiker gelten als verfeinerte Naturen: mit dem absoluten Gehör für menschliche Zwischentöne ausgestattet; mit wachem Blick, auch wenn die Augenlider vor müdem Überdruss schwer werden; mit bebenden Nüstern nehmen diese Jäger der Tristesse die Fährten auf; und mit subtilem Fingerspitzengefühl tasten sie ab, was sie erregt und wovon sie sich neue Wehmut versprechen.

Was sich da nicht alles anbietet, immer und überall, in der nächsten Umgebung, gleich um die Ecke:

Novembernebel, düstere Tage, tief hängende Wolken, Dauerregen – was man genüsslich von der warmen Stube aus betrachten kann, (während die Bratäpfel im Ofen summen, aber wir wollen nicht übertreiben!). Dann wieder sind es Düfte von Jasmin bis zum angekokelten Tannenzweig, und von einem Holzsteg, der nach dem Gewitter in der Sonne trocknet, bis zum Kerosingeruch neben einer Landebahn.

Wer die Augen aufsperrt, kann gar nicht mehr wegschauen. Er sieht melancholische Gesichter selbst in den Kühlerhauben von Autos. Einmal musste ein neues Modell von den Karosserie-Designern nachgebessert werden, da die Kunden die »Triefaugen« der Scheinwerfer nicht goutierten.

Außerdem Flora und Fauna:

Trauerweiden. Vertrocknete Rosen. Sonnenblumen, die ihre ermüdeten Gesichter nicht mehr nach dem Stand der Sonne richten, sondern eines Tages nur noch hängen lassen. Dazu die herzergreifenden Namen vom »Stiefmütterchen« bis zum »tränenden Herz«. Oder Caspar David Friedrichs berühmtes Bild »Einsamer Baum«. Hermann Hesses Gedicht über das Knarren eines geknickten Astes (gleich in drei Fassungen, von Mal zu Mal melancholischer).

Und schließlich scheinen nicht wenige Geschöpfe dem mitleidigen Tierfreund traurige Gesichter zu machen: Der Bloodhound, der Cocker Spaniel, Kühe, Kamele, Faultiere (trotz ihres vermeintlichen Schmunzelns).

Aber so wie Krokodile mit ihren hochgezogenen Mundwinkeln nicht eigentlich einladend lächeln, Vögel nicht unbedingt aus lauter Lebensfreude jubilieren und die Winkerkrabbe nicht aus Freundlichkeit mit ihren Scheren grüßend wedelt, so ist auch gegenüber der traurigen Mimik unserer vierbeinigen Freunde eine gewisse Skepsis angeraten.

Dass alle Lebewesen auf der Erde mehr Empathie und mehr Mitleid verdienen, ist für die Melancholiker unter uns selbstverständlich. Egal, welche Gesichter da aufgesetzt werden.

Schlüpfrig und heilig

Die Melancholie kann alles sein. Das macht sie schlüpfrig und heilig zugleich. Heruntergeholt ins Alltägliche werden wir sie im letzten Teil dieses Buches mit Richtlinien in ihre Schranken verweisen und ihr andererseits einen mit Rosen bestreuten roten Teppich ausrollen. Sie wird als Spielgefährtin für den Alltag angeboten; und verraten wird auch, wie sie uns bis auf die Gipfel seelischer und sinnlicher Erfahrungen begleiten kann.

II. Bekannte Melancholiker von Greta Garbo bis Gustav Mahler

Nicht immer stimmen bei Künstlern und schöpferischen Menschen persönliche Schwermut und die Magie ihrer schwermütigen Werke überein. Da neigt die düstere Sensibilität beim einen zur Hysterie und beim anderen zum stillen Rückzug, mal zu Tränenreichtum, dann wieder zum Zynismus, hier zum Kitsch und dort zur Show. Was sie aber alle aufweisen, ist ihr Talent zur Melancholie. Sie bedienen sich ihrer zu unserer Freude.

Greta Garbo

Wie man sich sehnsuchtsvolle Schwermut vorstellt, wird von jedem anders beschrieben. Einig aber war und ist sich die Welt, dass es tatsächlich einmal »das Gesicht der Melancholie« gegeben hat: Greta Garbo.

Die schwedische Schauspielerin, 1905 als Tochter eines Seemanns geboren und 85-jährig in New York gestorben, betonte nicht nur in ihren Filmrollen ihre Melancholie. Sie galt als unnahbar und geheimnisvoll. Ihr Privatleben hielt sie verborgen, auch als sie sich mit Mitte dreißig für immer aus dem Filmgeschäft zurückzog. Der Mythos Garbo blieb.

Ihr schönes, ernstes Gesicht mit den hohen Wangenknochen, den schweren Lidern, den extrem geschwungenen Augenbrauen und dem nie lächelnden Mund wurde in den 3oer-Jahren so sehr zum Inbegriff von Traurigkeit, dass etliche Schauspielerinnen in Hollywood sich ähnlich schminkten und um Garbos Nachfolge (vergeblich) rangen.

»Augen voll goldener Dunkelheit«, bemerkte Klaus Mann. »Ein Gesicht aus Schnee und Einsamkeit«, fand der französische Philosoph Roland Barthes. Sie selbst schwieg dazu. »Ich möchte alleine sein«, lautet ein berühmter Satz in ihrem Film »Menschen im Hotel«. Er wurde zum Schlüsselsatz für die Einzelgängerin.

Von Gerüchten umweht, fast schon sagenumwoben, wohnte Greta Garbo noch jahrzehntelang zurückgezogen in New York. Sie blieb ihrer Rolle und ihrem Motto treu. Man sah sie in Man-

hattan stets mit Schlapphut, Sonnenbrille und festem Schuh-
werk (sie hatte übergroße Füße). Unerkannt, wie sie glaubte,
aber doch von vielen bemerkt, die aus Respekt und Rücksicht
auf die personifizierte Melancholie wegschauten, wenn »die
Göttliche« des Weges kam.

André Heller

Vor Jahren gingen André Heller und ich, Hand in Hand und
leise zweistimmig singend (obwohl wir uns kaum kannten)
über den Wiener Zentralfriedhof. Er trug einen Strauß Astern
im Arm und ließ meine Hand bisweilen los, um wieder einen
Blütenkopf abzureißen und mit entsagender Gebärde auf ein
Grab zu werfen. Melancholische Geste vom Feinsten, kaum
auszuhalten!
Franz Heller, genannt André, als Großbürgersohn 1947 in Wien
geboren, war jahrelang mit vorgealtert wirkender brüchiger
Stimme, mit leidender Mimik, Seidenschals und dazu passen-
den Texten der Dichter, Sänger und Liedermacher der Wiener
Schwermut schlechthin.
Hypersensibel und verfeinert bis zum Gehtnichtmehr durchlitt
er seine früheren Jahre unter dem Motto: »Wer glücklich war,
galt bei uns als Idiot.«
Dann nahm er Abschied vom makabren Mief. Nur die Melancholie blieb, und mit ihr die Phantasie, die Ideen und die
Schöpfungskraft. Er startete wagemutige Projekte, unter an-

derem mit Zirkus und Shows, Theaterinszenierungen, Zauber-
welten und Multimedia-Aktionen.

Es kamen internationale Erfolge. Es kam ein Sohn. Es kam
Behutsamkeit in sein Leben. In einem Alter, in dem andere
hinfällig werden, hatte André Heller das Hinfällige abgelegt
und ist heute ein gelassener, in Maßen weiser Mann.

Paolo Conte

Er ist nicht mehr jung, selten lächelnd, oft schlecht rasiert,
was seine tiefen Falten betont. Aber er ist der reizvolle Mann,
der weltweit die Menschen mit seiner Stimme betört. Die ist
weder samten noch schmeichelnd, sondern heiser, traurig, lakonisch, manchmal ironisch – und voll melancholischer Sinnlichkeit und Erotik.

Dr. jur. Paolo Conte, 1937 als Sohn eines Notars in Norditalien
geboren, arbeitete als Rechtsanwalt, bevor er Liedermacher,
Jazzpianist, Chansonnier, Komponist und zugleich noch ein
gefragter Graphiker und Maler wurde.

Er komponierte unter anderem den Welthit »Azzurro«, gesungen von Adriano Celentano. Er schrieb die Musik zu einem Film
von Lina Wertmüller. Er schuf ein Musical, das mit 1.800 seiner Zeichnungen und Gemälde per Videoinstallation illustriert
wurde. Er spielte in der Berliner Philharmonie ebenso wie im
Olympia in Paris oder im Blue Note Club, dem legendären New
Yorker Jazzheiligtum.

Er wurde und wird mit Ehrungen und Auszeichnungen über-
häuft.

Die Vielseitigkeit des ergrauten Lonely Wolf (»Ich habe mich
allein immer am wohlsten gefühlt«) zeigt sich auch in Contes
Aussage zu seiner Philosophie und seiner Arbeitsweise. Er ent-
puppt sich damit als ein Meister der Melancholie:
»Düstere Themen fülle ich mit Heiterkeit aus. Fröhliche Lieder
hingegen sollten immer einen versteckten melancholischen
Zusatz enthalten!« Zu seinen Texten über Einsamkeit, die Ver-
letzungen durch die Liebe oder vergebliche Sehnsüchte gibt er
stets eine Prise Ironie. Das ist der bewährte Galgenhumor, mit
dem Conte seine Schwermut garniert und sein Leben – glücklich, wie er betont – bewältigt.

Rainer Maria Rilke

Fast alle Menschen, die man nach irgendeiner bekannten Ge-
dichtzeile fragt, zitieren Rilke: »Wer jetzt kein Haus hat, baut
sich keines mehr« oder »Herr: es ist Zeit. Der Sommer war sehr
groß« oder »Die Blätter fallen ... mit verneinender Gebärde«
oder »Rose, oh reiner Widerspruch«.
Einer der weltweit bedeutendsten Lyriker wurde 1875 in Prag
geboren. Der Vater war Bahnbeamter, die Mutter stammte aus
einer Fabrikantenfamilie. Der kleine René (später machte er
daraus Rainer, damit es männlicher klänge) wurde in die Rolle
der früh verstorbenen Schwester gedrängt, als Mädchen er-

zogen und als Kind gezwungen, langes Haar und Kleider zu tragen.

Die Ausbildung in einer Militärrealschule brach er ab, traumatisiert vom militärischen Drill und den Erfahrungen in einer für ihn zu groben Männergesellschaft. Dann traten die Frauen in sein Leben und damit große Lieben, die aber immer nur kurz dauerten. Als 17-Jähriger hatte er eine Affäre mit einem um Jahre älteren Kindermädchen. Als 22-Jähriger ging er nach München und verliebte sich in die Literatin Lou Andreas-Salomé, die ebenfalls älter und verheiratet war. Sie blieb, auch nach der Trennung, ein Leben lang eine Freundin und Beraterin für den ruhelosen Wanderer.

Immer fand Rilke mit seiner sensiblen, liebenswürdigen Art Gönner, Mäzene und Verehrerinnen, die ihm auf Landsitzen und Schlössern ermöglichten, sich ausschließlich seiner Dichtkunst zu widmen. So entstanden die berühmten »Duineser Elegien« im Schloss Duino bei Triest.

Rilke erkannte die Kostbarkeit und sogar die unbedingte Notwendigkeit der Melancholie für sich. Er weigerte sich trotz psychischer Probleme stets, eine Therapie anzufangen. Seine Furcht war, dass sein wahres Selbst und seine Kunst durch eine solche Behandlung zerstört würden.

Er starb 1926 in einem Schweizer Sanatorium an Leukämie. In vielen seiner Gedichte kommt der Tod zwar unerbittlich, aber freundlich des Weges:

»Der Tod ist groß.

Wir sind die Seinen

lachenden Munds.

Wenn wir uns mitten im Leben meinen,

wagt er zu weinen

mitten in uns.«

Françoise Sagan

War der Titel ihres ersten Buches »Bonjour Tristesse« schon Programm für ihr ganzes trauriges Leben?

Françoise Quoirez (»Sagan« war ein Pseudonym, das sie sich auf Betreiben ihrer großbürgerlichen Familie zulegte.) schrieb dieses Buch in drei Wochen. Da war sie achtzehn. Das Buch wurde innerhalb von fünf Jahren vier Millionen Mal verkauft. Und das Leben der Industriellentochter nahm seinen verhängnisvollen Lauf.

Die Sagan kaufte sich vom Honorar einen Jaguar, den sie gern barfuß fuhr. Die Sportwagen wurden schneller und teurer. Mit ihrem Aston Martin verunglückte sie so schwer, dass man sie halbtot barg und ihr die letzte Ölung gab. Sie wurde alkoholkrank, drogenabhängig und spielsüchtig. Sie pendelte zwischen Paris und St. Tropez und war mit Brigitte Bardot, Juliette Gréco, Jean-Paul Sartre und François Mitterand befreundet. Und sie schrieb zugleich weitere Bestseller (»Lieben Sie Brahms«, »Ein gewisses Lächeln« u.a.), Drehbücher, Theaterstücke und Liedtexte.

Zwei Scheidungen, lesbische Affären, Skandale und immer neue Gerichtsverfahren wegen Rauschgiftdelikten und Steuerhinterziehung folgten. So turbulent ihr Leben auch verlief, sie war zugleich – wie die Figuren ihrer Bücher – eine typische Vertreterin des französischen Ennui, der großen Müdigkeit, der schon die Melancholiker Charles Baudelaire und Marcel Proust frönten. Dieser leichtlebigen wie schwermütigen Mischung aus luxuriöser Langeweile, Überdruss und vager Tristesse stand Sagans selbstzerstörerische Lebensgier gegenüber. Sie starb 69-jährig an einer Lungenembolie auf ihrem einstigen Landsitz, auf dem sie nur noch das Wohnrecht hatte. Ihre Bücher signierte die berühmte Schriftstellerin übrigens stets mit »Avec toutes mes condoléances« (mit herzlichem Beileid). War es das Beileid, das sie selbst so sehr gebraucht hätte?

Edward Hopper

Dürer mit seiner «Melencolia I«, Munchs Schreckensbild »Der Schrei«, C.D. Friedrichs Mondnächte, Rodins bronzener »Denker«, Böcklins »Toteninsel«, Käthe Kollwitz mit ihren Trauermienen – die Kunstgeschichte ist voll von berühmten melancholischen Malern und bekannten melancholischen Sujets; wobei diese angebliche Melancholie in den unterschiedlichsten Formen aufscheint: im maßlosen Schrecken oder in der sehnsüchtigen Romantik oder in bitteren Anklagen.

Ein Großmeister, wenn nicht gar DER Großmeister wahrhaft

melancholischer Bilder war der Amerikaner Edward Hopper (1882 – 1967). Man kennt die allein an einer nächtlichen, grell ausgeleuchteten Bar sitzende Frau, seine Leuchttürme, Landstraßen, Tankstellen, Schienenstränge, leeren Hotelzimmer, schweigenden Paare. Das meiste in gleißendem Sonnenlicht mit scharfen Schlagschatten. Seine kraftvollen Bilder atmen Einsamkeit, sowohl zwischenmenschliche als auch jene elegische der amerikanischen Weite; sie sind realistisch bis zur Banalität und dennoch voller Symbolik. Sie zählen zu den populärsten Kunstwerken des 20. Jahrhunderts.

Und er? Der geniale, vielfach ausgezeichnete Maler der Moderne, dem Peter Handke »magische Wirkung« zuschrieb und dessen Werke als Poster in jeder zweiten Studentenbude hängen – er sagte lakonisch: »Mein Anliegen bestand darin, Sonnenlicht auf einer Hauswand zu malen.«

Der Sohn eines Schreiners und einer Lehrerin lebte ohne alle Hysterie, Trübsinnigkeit und Larmoyanz unauffällig, geordnet und bescheiden. Es gab keine Brüche. Er malte über 50 Jahre lang in seinem New Yorker Atelier, in dem er seit 1913 ununterbrochen wohnte. Er war bis zu seinem Tod mit der Malerin Josephine Verstille Nivison verheiratet, die auf den meisten seiner Bilder als Modell zu erkennen ist. Manchmal unternahmen die beiden weite Autoreisen durch die Staaten (daher die Straßenbilder und Motelszenen). Sie starb ein Jahr nach ihm. Edward Hopper war der perfekte Melancholiker. Denn wenn man die Gesichter seiner Personen genau betrachtet, so mögen sie sich einsam vorkommen. Sie schauen, lesen, denken nach, halten inne, warten – aber wirklich traurig sind sie nicht. Gekonnte Melancholiker allesamt.

Woody Allen

Ach, Mr. Allen! Ihnen misstraue ich ein wenig.

Allan Stewart Konigsberg, 1935 in Brooklyn/New York geboren, ist (als Woody Allen) einer der besten amerikanischen Regisseure, wurde 21 mal für den Oscar nominiert und bekam ihn dreimal.

Woody Allen ist Komiker, Autor, Schauspieler und ein ziemlich guter Jazz-Klarinettist. Sein Humor ist unbestritten. Seine Zitate machen weltweit die Runde. Typisch für seinen scheinbar naiven Sarkasmus: »Alles in allem würde ich Ihnen gerne eine positive Botschaft mit auf den Weg geben. Ich habe aber keine. Würden Sie eventuell auch zwei negative nehmen?«

Neurosen, Hypochondrie, das ständige Besorgtsein, die Lust am Verlieren, der normale zwischenmenschliche Horror – das sind Allens witzige Themen in seinen Filmen. Wenn er selbst mitspielt, personifiziert er die Melancholie des Underdog auf der Analytikercouch brillant. Er legt diese Selbstinszenierung auch im Alltag nicht ab.

Im Alltag? Hier setzt mein Misstrauen ein. Kann ein von Selbstzweifeln gebeutelter, trauriger und linkischer Loser zu solchen Erfolgen gelangen? Ist Woody Allen, so wie er sich gibt, eine Kunstfigur mit dem Aushängeschild »Melancholie«?

Ich halte den witzigen Intellektuellen für gewieft und knallhart. Kein schwächelnder Neurotiker könnte mehr als 40 erfolgreiche Filme nacheinander drehen und bis heute eine so ungebrochene Energie an den Tag legen. Sein Leben hat er zielgerichtet durchgezogen: Als Schüler schon ein gefürchteter Kartenspieler. Mit ätzendem Humor ein Gagschreiber, der seine erste Ehefrau zur Lieblingsfigur seiner Witze machte, bis sie ihn 1969 auf zwei Millionen Dollar verklagte. Spektakuläre Scheidungen. Ex-Ehefrau Mia Farrows Vorwürfe wegen pädophiler Neigungen. Seine Aktbilder der koreanischen Adoptivtochter. Gebrochene Herzen allerorten. Schließlich die Berichte in der New York Times, in denen sein Verhalten seinen eigenen und adoptierten Kindern gegenüber »missbrauchend und gefühllos« genannt wird. Da bleibt nicht viel übrig vom schüchternen Softie Woody. Heute ist er jedenfalls glücklich mit der um 35 Jahre jüngeren Adoptivtochter verheiratet.

Zuletzt ein Schlüsselsatz, witzig formuliert, aber vielleicht ernster als beabsichtigt: »Das Schwierige im Leben ist, Herz und Kopf dazu zu bringen, zusammenzuarbeiten – in meinem Fall verkehren sie noch nicht mal auf freundschaftlicher Basis.«

Frédéric Chopin

Der Liebling der Pariser Salons in der ersten Hälfte des 19. Jahrhunderts war Frédéric Chopin (1810 – 1849), der zartbesaitete, kränkelnde Komponist und Pianist polnisch-französischer Herkunft. Sein Privatleben verbindet die Nachwelt bis heute oft mit dem entsetzten Ausruf »Mallorca!«

Es geht um einen verregneten, allseits missmutig stimmenden Aufenthalt im Winter 1838 in Valldemossa auf Mallorca. Chopin war mit seiner Geliebten George Sand und deren Kindern dort, in der Hoffnung, seine Tuberkulose kurieren zu können. Stattdessen gab es Streit, eine unbehagliche Unterkunft, schlechtes Wetter und Ärger mit den Einheimischen.

Mit Sand, einer Zigarren rauchenden und in Männerkleidung auftretenden Schriftstellerin, verband Chopin eine verzehrende Hassliebe, die sich niemand erklären konnte. Sein Lungenleiden besserte sich in jenem Winter nicht, aber er brachte das »Regentropfen-Prélude« mit. Die Beziehung zu Sand (Der Schriftsteller Alfred de Musset bezeichnete sie als »Typus der gebildeten Amsel«, Nietzsche als »Schreibkuh«.) endete später in Missklang und endgültiger Trennung.

Aber Chopin hatte Freunde: Paganini, Liszt und Robert Schumann förderten den beliebten Musiker nach Kräften. Balzac verehrte ihn. Und Heinrich Heine urteilte 1837: »Er kann uns die Poesie, die in seiner Seele lebt, zur Anschauung bringen ... sein wahres Vaterland ist das Traumreich der Poesie.«

Leidenschaft und Zartheit zugleich prägten nicht nur Chopins Musik, sondern auch sein Privatleben. Er zog sich im Laufe der Zeit mehr und mehr zurück und suchte die Einsamkeit. Er schuf die endgültigen Meisterwerke, die niemals in Sentimentalität oder auch Gefühlsstürme abglitten. Sehnsucht und Weltschmerz hat er wie wenige andere in seiner Musik verfeinert und vergeistigt. Zum Fühlen gesellte sich bei ihm das Denken des Komponisten, zum Schwärmen die Disziplin des Klaviervirtuosen. Alles dies befruchtete sich gegenseitig und war – wieder einmal – das Werk der Melancholie.

Erica Jong

Erica Jong saß mit tränenden Augen vor mir, als ich sie zu einem Interview in ihrem Münchner Hotelzimmer aufsuchte.

Die Autorin von »Angst vorm Fliegen«, dem (auch) witzigen Klassiker der weiblichen erotischen Literatur, hatte ihr Buch inzwischen 18 Millionen Mal verkauft und war es leid, auf ihre Rolle als frivoles Sex-Symbol festgelegt zu werden. Grund zum Weinen?

Es herrschte an jenem Sommertag stärkster Pollenflug. Also mussten zunächst die amerikanischen Kontaktlinsen herausgenommen werden, die nach dem interkontinentalen Flug damit nicht zurechtgekommen waren. Sie kehrte lachend aus dem Bad zurück und rieb sich wohlig stöhnend die Augen: »Aaaah, tut das gut!« Also doch keine Melancholikerin.

Aber dann fiel im Laufe des heiteren Gesprächs ein leicht schwermütiger Unterton auf. Hatte die fröhlichste Loverin von Manhattan eine dunkle Seite? Jahre später brach es bei ihr dann durch: die Nachdenklichkeit, die Sensibilität, der Hang zur Melancholie, den sie vorher mit Frechheit verdrängt hatte. Inzwischen schreibt die 1942 in New York geborene Autorin (vierter Ehemann, eine erwachsene, ebenfalls schreibende Tochter) neben ernsteren Romanen (»Ich habe die Frauen das Fliegen gelehrt, jetzt bringe ich ihnen das Landen bei.«) politische Beiträge, engagiert sich für soziale Gerechtigkeit und veröffentlicht Lyrik.

Das Schreiben kann sie nicht lassen: »Schreiben ist etwas fast Sakrales für mich, eine Heilungszeremonie und Gesundung.« Den Humor, der ihr nach wie vor so wichtig ist, hat sie analysiert. Sie steckt in dem für Melancholiker typischen Zwiespalt: Trauer gegen Humor. Und umgekehrt. In einem Selbstportrait-Gedicht spricht sie sich mit »melancholy lady, behind your clown face« an.

Als wir uns damals verabschiedeten, gestand sie mir nicht ohne Stolz: »Ich werde oft mit Woody Allen verglichen. Das Bittere und das Süße, die grelle Hysterie und die traurigen Seiten, der schwarze Humor – das bin ich!«

Gustav Mahler

Natürlich hatte der Komponist Gustav Mahler (1860 – 1911) allen Grund, an jenem Tag in Tränen auszubrechen. Seine Frau Alma hatte ihm gerade ihre Liebschaft mit dem Architekten Walter Gropius gestanden. Aber dass er sich dabei auf den hölzernen Boden seines Sommerhauses warf, damit er der Erde näher sei und die Tränen in sie einsickern könnten, wie er erklärte, zeigt die seelische Verfassung, die ihn zeitlebens umtrieb.

Der Sohn eines böhmischen Gastwirts und Weinbrenners war ein gefeierter Komponist und Dirigent, Direktor der Wiener Hofoper, später Dirigent an der New Yorker Metropolitan Opera und Chef der New Yorker Philharmoniker. Seine Symphonien, seine Liederzyklen, seine »Kindertotenlieder« machten ihn auf der Schwelle zwischen Spätromantik und Moderne weltberühmt.

In seinem Leben gab es indessen viel seelischen Aufruhr. Unerfüllte Sehnsucht nach einer heilen Natur, Selbstmitleid und Todesvisionen, Resignation und Ekstase, Identitätskrisen und schwelgerische Liebe, Ruhm und Niederlagen.

Seine überbordenden romantischen Anwandlungen versuchte der zerrissene Mann immer wieder mit Spott und Ironie zu glätten. Einmal reiste er zu Sigmund Freud nach Holland, um sich einer Kurzanalyse während eines Spaziergangs zu unterziehen. Freud bescheinigte ihm einen Mutterkomplex.

Trotz der verzehrenden Liebe zu Alma warnte er sie vor der Hochzeit »... dass du so werden musst, wie ich es brauche, wenn wir glücklich werden sollen ... das ist sicher!«

Leicht war ein Leben mit dem schwierigen, zu Überschwang wie Düsternis neigenden Mahler wohl kaum. Seine Art von Melancholie war selbstquälerisch und destruktiv. Sie enthielt wenig Versöhnliches. Gereizt und friedlos kannte er nur »ein Glück ohne Ruh!«.

III. Vom »pfleglichen« Umgang mit der Melancholie

1. Was tun? Weinen? Lachen? Lächeln!

Das Weinen

»Sie neigen nicht zur Larmoyanz?«
»Nein. Ich hasse falsche Sentimentalität.«
(Karl Lagerfeld in einem Interview der Süddeutschen Zeitung)

- Auch Melancholiker können weinen. Tun die das nicht sowieso immer?, fragt der Unsensible, der keine Ahnung hat.
- Auch Melancholiker können lachen. Das tun die doch wohl nie!, sagt der Unsensible, der keine Ahnung hat.
- Bleibt noch das Lächeln. Da ist sich der Unsensible, der keine Ahnung hat, plötzlich recht unsicher.

Die Melancholie kann sich über alle drei Emotionsäußerungen ihre Bahn brechen und mehr oder weniger intensiv aufscheinen.
Manchmal geht es ganz schnell. Dann ist guter Rat teuer. Nach dem Taschentuch greifen? Sich abwenden? Den psychiatrischen Notdienst anrufen?
Was tun, wenn man übermannt wird von dieser wonnigen Rührung, die auch wasserfeste Wimperntusche verschmiert und eine gesellige Runde entweder verstummen lässt oder, noch schlimmer, zur Anteilnahme drängt.
In eine solche Bedrängnis geraten allerdings nur ungeübte Melancholiker.
Den Meister-Melancholiker überwältigt kaum jemals ein Schwall von Larmoyanz. Ihm greift etwas ans Herz. Aber sein Herz bricht nicht, sondern wird höchstens gedehnt. Vielleicht eine kleine Zerrung. Er mag schweren Herzens

daherkommen, und er nimmt sich etwas zu Herzen. Aber das Herz des Melancholikers hält vieles aus.

Er ist sowieso schon empfänglich gestimmt und kann nicht aus der Fassung geraten. Er hat sich angefreundet mit dem Entsagen und der Vergeblichkeit. Sein Blickfeld ist ein wenig verdüstert, aber es ist nicht verdunkelt. Er fühlt sich wohl im bekömmlichen Halbschatten.

Obwohl sich die sensiblen Schwermütigen dauernd nach etwas sehnen, erwarten sie selten die Erfüllung.

Und dennoch werden sie immer wieder mit einem Geschenk überrascht:

Ein nur schwacher, leicht berührender Weltschmerz-Schub kann bei ihnen zum anstoßenden, ja aufmunternden Schubs in Richtung Phantasie und Einfallsreichtum geraten. Die bloße Schaffenskraft des praktischen Realisten schwingt sich bei ihnen auf zu den Höhen individueller und origineller Schöpfungskraft; mit Erkenntnissen, Ideen, Lösungen und Durchbrüchen.

Schlagartig hebt das die Laune jedes Bedrückten. Tränen wären hier höchstens in Form von Erleichterungstränen am Platze.

Da nicht jeder Mensch in gleichem Ausmaß mit Einfühlungsvermögen, Sensibilität und Kreativität gesegnet ist (bedenklich viele Leute sogar mit überhaupt nichts davon), empfehlen die Meister der Melancholie folgende Richtlinien:

Eine weinerliche Anwandlung vor allem nicht ungenutzt vorüberziehen lassen! Sie soll ja nicht wieder in einer dunklen Verdrängung und einer noch dunkleren Versenkung verschwinden. Jetzt gilt es, jede Betroffenheit zu ankern und festzuhalten. Unerklärliche und deshalb nicht empfehlenswerte Seelenwundheit verfliegt ganz schnell, wenn man das Gefühl, das zuerst erschrecken mag, von allen Seiten betrachtet, aufdröselt und analysiert.

- Wieso macht mich dies oder jenes jetzt so melancholisch?
- Wieso dieses Parfum?
- Wieso das Knacken, mit dem man den Stängel einer Schlüsselblume bricht?
- Wieso das Anschwellen des Chors in der Alt-Rhapsodie von Brahms?
- Wieso die Vorsicht, mit der ein alter Mann die Straße betritt, obwohl seine Fußgängerampel Grün zeigt?

Ein wenig Nachdenken über ein Fühlen und ein bisschen Fühlen beim Nachdenken bereichern sich gegenseitig.

Theodor Fontane hat das auf eine griffige Kurzformel gebracht: »O lerne denken mit dem Herz, und lerne fühlen mit dem Geist.«

Tränen als Reaktion auf eine Überwältigung fließen bei den unterschiedlichsten Gelegenheiten: auf dem Petersplatz in Rom zu Füßen eines Papstes auf seinem Balkon, bei den Konzerten von Elvis Presley selig oder wenn irgendwo ein weißes Brautkleid aufleuchtet.

Auffallend häufig tauchen solche Gemütsbewegungen in einer Menge von Gleichgesinnten auf. Wieder einmal schlägt da die Massenhysterie zu; ein Phänomen, das den zu müder Trauer neigenden Melancholikern fremd ist. Unsere dezent wehmütigen Beobachter erschüttert dann weniger der Anlass der um sich greifenden Heulerei als vielmehr die tränenreiche Reaktion eines gebeutelten Nebenmannes.

Von sich selbst oder der Rolle gerührt sind manchmal auch geübte Bühnenkünstler:

Die Opernsängerin Anja Harteros konnte anfangs, als sie die Rolle der Marschallin im »Rosenkavalier« zu Hause probte, ihren Part nicht durchstehen, ohne in Tränen auszubrechen.

Udo Jürgens scheut sich nicht, zuzugeben, dass er manchmal seine alten Lieder öffentlich kaum weitersingen kann, weil ihm die Rührung die Stimme verschlägt.

Und eine Sängerin, die bei einer Goldenen Hochzeit in der Kirche von der Empore herab singen sollte, setzte verspätet ein, weil sie sich noch ausgiebig die Nase putzen musste. Zum Glück bemerkten das nur die wenigsten der Kirchgänger, weil sie selbst aus lauter Rührung kräftig schnieften.

Misstrauen ist auch anderswo angesagt. Vor wollüstigen Tränen und schluchzendem Pathos kann man nicht genug warnen. Leisten wir uns einen kritischen Blick auf eine besondere Abart von Heulsusen: die weinenden Männer.

Jahrelang haben wir Frauen uns für die Sensibilisierung der Männer eingesetzt. Jetzt stehen wir befremdet vor den Geistern, die wir leichtsinnigerweise riefen.

Männer weinen heute ja sehr schnell gleich mal los: Wenn ihr Fußballclub verliert. Und wenn er gewinnt. Sie weinen über ihre zu starken Mütter und ihre zu schwachen Aufstiegschancen. Oft weinen sie aus Rührung über ihr verändertes Rollenverständnis, aus Bewunderung für ihre neu gewonnene Empfindsamkeit, oder weil sie nun endlich (oder auch: noch immer nicht) zur Gruppe jener gehören, die sich laut Jahrgang ihre Mittlebenskrise leisten dürfen.

Merkt denn noch immer niemand, warum unsere butterweichen Schluchzer daheim so gern losplärren?

Wir drücken ihre schönen Köpfe tröstend an unsere Brust, bis die Seidenbluse durchweicht ist und kriegen nicht mit, wie sie da unten unter Schluchzen in unseren Schoß grinsen.

Jetzt, glauben sie, haben sie uns endlich so weit. Mitleidend, mütterlich, Kose- und Trostworte ins Haupthaar murmelnd, völlig verunsichert, auf jeden Fall mal prophylaktisch schuldbewusst und weit weg von den Worten »Ein Junge weint doch nicht«.

Bluff, nichts als Bluff! Jahrelang haben sich weltweit Psychologen, Gurus und Coaches der verschreckten und verunsicherten Männer angenommen. Denn die Karriere lässt sich (wie der Personalberater Maximilian Schubart einmal schrieb) schneller schaffen »mit Begabung zur Rührung, guter Effizienz und kalten Seelen«.

Männer üben gern zu Hause. Im häuslichen Sensibilitätstraining wird also allerorten Druck abgelassen, der, wie greinend erklärt wird, sonst zu Stauungen und Aggressionen führen würde. Frauen wissen das nur zu gut, müssen sie doch tagaus, tagein mit diesen Stauungen und Aggressionen aufs Geschickteste leben: vor dem Chef, als so genannte kluge Ehefrau, als geduldige, nicht allzu autoritäre Mutter, als Ärztin vor dem Patienten, als Journalistin vor dem Interviewpartner, den sie anstrahlen, damit er den Mund aufmacht.

Schon immer hatten die Männer außerdem Huren und Bardamen, vor denen sie weinen zu dürfen glaubten. Tun Frauen es mal an einer Theke, werden sie wegen Suffs des Lokals verwiesen, weil »sie halt doch nichts vertragen«. Genug der Häme.

Weinende Männer sind in Mode gekommen. Die englische Künstlerin Sam Taylor-Wood filmte in der Serie »Crying Men« prominente Männer wie Jude Law beim Weinen. Verlierende Fußballer tun es allemal, inzwischen auch altgediente Trainer oder Politiker, und amerikanische Präsidenten setzen es im Wahlkampf ein.

Melancholiker jedoch – wie wir sie verstehen – brechen nicht in Tränen aus, da wird nicht geschluchzt, und es gibt weder Heulen noch Zähneklappern. Denn Melancholiker sind Genießer. Und ihr Genuss erreicht körpersprachlich höchstens das bekannte Phänomen eines lachenden und eines weinenden Auges.

Es gibt nun mal Wohlgefühle, die ein wenig Rührung aufkommen lassen, ein elegisches Sinnieren, ein sehnsüchtiges Seufzen:

- Ich zum Beispiel bin regelmäßig überwältigt und bekomme fast feuchte Augen vor Staunen und Freude, wenn ich an einem Wintermorgen die Vorhänge zurückziehe, und draußen ist über Nacht alles erstmals wieder tief verschneit.
- Ich bin gerührt, wenn ich ein ganz altes Paar sehe, das Hand in Hand geht.
- Ich putze mir die Nase, wenn ich Wiedersehen-Szenen in der Ankunftshalle von Flughäfen mitbekomme.

Mehr ist nicht drin. Mehr bietet die Melancholie den Exhibitionisten ihrer Emotionen nicht. Mehr verlangt sie allerdings auch nicht.

Das Lachen

»Es sieht so aus, als habe sich das Lachen als sekundäre Geste aus dem Schreien entwickelt.«
(Desmond Morris)

Unter den eruptiven, manchmal explosionsartigen Formen unserer Gefühlsäußerungen liegen allem Anschein nach zwei, nämlich das Lachen und das Weinen, nahe beieinander. So unterschiedlich bekanntlich der Anlass ist – beim Weinen wie auch beim Lachen entgleisen unsere Gesichtszüge, verzerrt sich die Mimik, Tränen rinnen, gutturale Laute dringen aus dem zuckenden Mund, die Schultern beben, der Mensch krümmt sich. Kontrollverlust auf der ganzen Linie.

Mehr noch: Selbst die Umwelt wird angesteckt. Lachstürme können sowohl über Stammtische als auch über große Menschenmengen toben. Weinkrämpfe haben schon ganze Straßenzüge ergriffen – wie bei der Massenhysterie unter den Leuten am Rand jener Londoner Straßen zu beobachten war, durch die der Trauerzug für Lady Diana führte.

Worüber aber sollte nun ein Schwermütiger lachen? Was ist so komisch am Weltschmerz?

Das Lachen der Melancholiker ist gar nicht so selten. Da die Gedanken dieser versunkenen Sinnierer oft in die Vergangenheit abdriften, wird ihnen auch die letztlich so vielem innewohnende Komik ihrer einstigen Empfindungen und Verhaltensweisen nicht entgehen; ganz abgesehen von all dem menschlichen Irrsinn um sie herum, den sie mit wohligem Gruseln beobachten. Grund genug, in eine Art Belustigung zu geraten.

Das Prusten und Grölen jedoch, das Glucksen und Kichern gehören mehr zum so genannten Scherzkeks, zur Ulknudel oder zu jenen Putzigen vom Typ Trixi Sonnenschein.

Der Tiefsinnige hat Galgenhumor. Sein Lachen klingt anders. Wenn es die Flachsinnigeren zerreißt oder wenn es ihnen im Halse steckenbleiben sollte, ist das deren Sache. Er selbst kann gut damit umgehen und lässt es dosiert und eher gedämpft hören. Tränen lachend trifft man kaum einen Melancholiker an, er gibt sich eher Tränen lächelnd.

Lachen baut Spannungen ab: Lampenfieber, Peinlichkeit, Wut, Scham, Frust, Trauer. Zahlreiche wissenschaftliche Untersuchungen haben sich mit der hervorbrechenden Körperreaktion beschäftigt. Es findet nicht nur eine psychische Entlastung statt; auch biochemische Veränderungen wurden festgestellt; außerdem ist die Heilkraft erwiesen – obwohl man »vor Lachen platzen« oder sich sogar »totlachen« kann.

Woher kommt dieses Lachen, das einen schüttelt und beutelt? Die Herkunft liegt im Dunkeln, und die Fachleute sind sich nicht einig:

- Der Philosoph, Soziologe und Zoologe Helmut Plessner meint, Lachen sei »eine der Katastrophenreaktionen an Grenzen menschlichen Verhaltens«. Es werde vom Menschen eingesetzt in Situationen, »auf die er keine Antwort weiß«.
- Der Literat Elias Canetti schreibt: »Gewiss enthält das Lachen in seinem Ursprung die Freude an einer Beute oder Speise, die einem als sicher erscheint. Man lacht, anstatt zu essen. Lachen ist demnach Ersatz dafür, sein Opfer zu verschlingen. Der Sieger quittiert seine Übermacht dem Gestürzten gegenüber mit schallendem Gelächter.«
- Sigmund Freud schließlich stieß auf Energie, die wir mit dem Lachen freisetzen. Es sei jene Energie, die wir gebraucht hätten, um unerlaubte Aggressionen zu verdrängen.

Und das Lachen des Melancholikers, der gerade mal keine Aggressionen verdrängt, genug Antworten weiß und das Gegenüber auch eigentlich nicht verschlingen möchte? Manchmal lacht er, um nicht zu weinen.

Muss eigentlich, wer andere zum Lachen bringen soll, selbst ernst bleiben oder den wiehernden Spaßmacher geben?

Einige Beispiele:

Zum lachenden, allerdings wenig souveränen Melancholiker zählt auch der als brutalstmöglicher Zyniker bekannte Mann. Er erntet im Kreise anderer Verdränger mit seinen sarkastischen Sprüchen Schenkelklopfen und Lachsalven. Vor eigenen Gefühlsausbrüchen hat er eine höllische Angst. Er selbst lacht kaum, aber er kann sehr attraktiv hämisch grinsen. Heimlich legt er seit Jahren wöchentlich frische Blumen aufs Grab der Eltern.

Buster Keaton, ein Komödiant mit Kultstatus aus der amerikanischen Stummfilmzeit, verzieht in keinem seiner Filme das Gesicht auch nur um Millimeter. Er wurde »Stoneface« genannt und mit seiner stoischen Mimik weltberühmt.

Und dann haben wir noch jenen Melancholiker, der ebenfalls selbst nicht lacht, aber andere dazu bringt: den Clown. Einer überaus populären, aber in ihrer Plattheit fragwürdigen Meinung zufolge steckt in jedem dieser Spaßmacher ein todtrauriger Mensch.

Dazu passt jene Anekdote, die in diesem Zusammenhang gern erzählt wird und meinetwegen auch einen gewissen Wahrheitsgehalt haben mag: Bei einem Psychotherapeuten in den USA erschien ein älterer Herr und klagte über Depressionen. »Sie sollten sich aufheitern«, sagte der Arzt, »gönnen Sie sich etwas Lustiges. In der Stadt gastiert zur Zeit der weltberühmte Clown Grock, der alle Welt zum Lachen bringt. Besorgen Sie sich Karten für eine Vorstellung!« Der Gesichtsausdruck des Patienten verfinsterte sich noch mehr: »Ich bin Grock«, sagte er leise.

Wenn diese hübsche *story* nicht wahr ist, so ist sie doch gut erfunden. Aber eigentlich ist bei den Clowns und ihrem angeblich so weichen Kern Vorsicht angeraten. Nicht umsonst hat der Horror-Spezialist Stephen King eine seiner gruseligsten Geschichten um einen unheimlichen Clown angesiedelt. Und auch Jack Nicholson lehrt einen in der Clownsrolle das Grauen. Erwiesen ist außerdem, dass sich Kinder vor den Possenreißern im Zirkus eher fürchten als sie lieben.

Was ist los mit den Clowns?

Ihrem Image als Spaßmacher mit tieftrauriger Seele misstraue ich. Dieses nur scheinbar geheim gehaltene, aber von Pseudo-Psychologen und Amateur-Analytikern unermüdlich hervorgeholte Innenleben verrät nichts weiter als schauspielerische Professionalität. Der angebliche Zwiespalt gehört zur Verkaufsstrategie, und ein erbarmungsloser Zirkusdirektor wird ihnen eingebläut haben, die vermeintliche Doppelrolle für immer zu spielen.

Solches durchschauend sitzen Melancholiker im Zirkuszelt und amüsieren sich prächtig.

Das Lächeln

> *»Ohne Lächeln kommt der Mensch,*
> *ohne Lächeln geht er.*
> *Drei fliegende Minuten lang war er froh.«*
> (Jean Paul)

Des Melancholikers Gefühlsäußerung der Wahl ist, wenn es denn mal ins Heitere gehen soll, das Lächeln.

Dazu ein Blick auf einen, der erstmal nicht als Melancholiker bekannt ist. Aber in seinem grandiosen Durchschauen und Durchleuchten der Menschen mit ihrem Irrwitz und ihren Abgründen müsste er eigentlich zu einem begnadeten Melancholiker geworden sein. Es ist der wahrlich verehrungswürdige (leider in diesem Jahr verstorbene) Vicco von Bülow, den man hierzulande als *Loriot* so liebte, dass er auf der Liste der Anwärter für den deutschen Bundespräsidenten mehrfach vorgeschlagen wurde. Ihm gelang über Jahrzehnte hinweg, weder als grimassierender Spaßmacher, noch als bemüht eisiger Komiker aufzutreten. Sein Gesicht lächelte uns voll nobler, zart amüsierter und distanzierter Gemütsruhe von der höchsten Höhe des Humors entgegen.

Weit mehr als Weinen und Lachen ist das Lächeln vieldeutig. Damit passt es zu den vielschichtigen Schwermütigen, auch wenn sie es nicht oft einsetzen. Fast immer hat ihr Lächeln auch etwas Wehmütiges. Warum lächeln sie dann überhaupt?

Eine direkte Verbindung zwischen Anlass und antwortender Mimik – wie es beim Lachen und Weinen geschieht – ist im Gesicht eines lächelnden Melancholikers nicht auszumachen.

Natürlich wäre es ein wenig grob, einen kummervoll Lächelnden anzufahren: »Was gibt es da zu grinsen?« (So verstehbar Unsicherheit und Verwirrung des Fragers auch sein mögen.)

Aber Vermutungen darf man anstellen:

• Vielleicht erkennt so einer gerade die Vergeblichkeit einer Sehnsucht.
• Vielleicht ist er traurig über das Ende, das allen Freuden, auch seiner gegenwärtigen Lebensfreude einmal bevorstehen wird.
• Vielleicht versinkt er vorübergehend in einer Erinnerung.

- Vielleicht denkt er an einen früher einmal (oder immer noch oder vergeblich oder weit entfernten) geliebten Menschen (oder Kanarienvogel oder Ferienort oder Pullover).
- Vielleicht hat er Heimweh oder Fernweh.
- Vielleicht aber auch nur Zahnweh.

Traurig und zugleich behaglich Schmunzelnde haben die Kontrolle über ihr Gesicht und über die Situation. Von misstrauischen Umstehenden wird ihnen oft unterstellt, auch die Kontrolle über sie, die im Affekt ahnungslos Lachenden oder haltlos Weinenden zu haben.
Weiß der stille Weise mehr als die anderen? Hat er Informationen? Insiderwissen? Herrschaftswissen? Was hält er zurück?

Mit dieser Frage kommen wir zur Unruhe, die Melancholiker bei anderen hervorrufen können. Wie kommt die so genannte Fun-Gesellschaft mit ihnen zurecht? Und wie ertragen sie selbst die allzeit Fröhlichen, denen Spiel und Spaß zum Glücklich-Sein genügt?

2. Die Melancholiker und die anderen

Ist der morbide Charme verdächtig?

»Ich will einfach nur hier sitzen.«
(Ein von seiner Frau zu mehr Aktivität gedrängter Ehemann
in Loriots berühmtem Sketch)

Muss man sich als Melancholiker rechtfertigen? Selbst wenn man es müsste – man könnte oft nicht.

Denn Weniges ist so subjektiv wie diese sonderbare Empfindung. Sie ist im Innersten der Seele beheimatet, dort, wo kaum ein anderer Zugang hat. Sie ist in höchstem Maße persönlich. Diese Stimmung gehört zur Intimsphäre des Menschen. Er hütet sie bedachter als jene seines Körpers. Wie der Tiefsinnige auf die Welt schaut und sie auf sich wirken lässt, ist allein seine Sache. Ob seine Sicht den Konventionen entspricht, ist ihm nicht so wichtig. Deswegen will er weder missionieren noch andere teilhaben lassen an seinen Gemütsbewegungen.

Wie sollte er auch? Wie soll man ein Gefühl erklären, das aus so vielen Einzelstimmungen besteht? Das in seinem Reichtum so verschiedene Emotionen beinhaltet, das heiter und traurig macht, sehnsüchtig und resignierend, wohlig und verdrossen, süß und bitter. Lauter Gegensätze, gemischtere Gefühle gibt's kaum.

Und die bringt der Melancholiker alle unter einen Hut? Zur gleichen Zeit? Mit gleichem Genuss?

Selbstreflexion und Selbstkontrolle kennzeichnen den denkenden Melancholiker. Das macht ihn selbstsicher. Er ist sich seiner Sache, die mit anderen nicht zu diskutieren ist, überhaupt ziemlich sicher. Dass ihm die Mitmenschen da nicht immer folgen können (und wollen!) bedauert er nur in Maßen.

Eine Architektin meint: »Wenn andere die Verlockungen zur Sehnsucht nicht erkennen, haben sie halt Pech gehabt. Und wenn sie die Vielschichtigkeit der Welt nicht sehen oder ihnen keinerlei Anlass zur Schwermut unterkommt, kann ich auch nicht helfen. Sollen sie doch bei ihrem oberflächlichen, spaßgesättigten Lebensstil bleiben. Sie sind ja auch ganz glücklich dabei, weil sie nicht wissen, was ihnen entgeht.«

Ein pensionierter Richter sagt: »Ich werde mich hüten, Gründe zu nennen für diese reizvolle Traurigkeit, die mich manchmal überkommt. Das ist allein meine Sache, die ich hüte wie einen Schatz. Basta!«

Kein Wunder, dass Außenstehende solche Schwermütigen voller Misstrauen betrachten. In dieses Misstrauen mischt sich auch ein bisschen Neid; und als Abwehr ein Schuss Verachtung (der ihnen umgekehrt übrigens auch entgegenschlägt): Elitäre Heulsusen! Wehleidige Träumer! Blasierte Schlaffis!
Ein wenig Schuld trifft natürlich auch unsere Sensiblen mit dem wehen Gehabe: Was müssen sie sich auch immer absondern. Was müssen sie auch immer abseits stehen mit diesem wissenden, gar ironischen Ausdruck. Mit diesem nachsichtigen Bedauern, mit dem sie das lustige Völkchen in seinem tumben Jubel und Trubel, seinem sonnigen Tohuwabohu beobachten.
Bei all dem scheinen sie ja nicht mal schlecht gelaunt zu sein!
Wissen sie denn mehr von der Welt und der Gemengelage ihrer Bewohner? Bluffen sie nur? Oder rechnen sie

eh mit dem Schlimmsten, mit all der Vergeblichkeit, dem vertanen Bemühen und möglichen Scheitern, dem so oft blinden Lieben und dem so oft verzweifelten Lachen, das ja doch den ernsten, dunklen Grundton des Lebens kaum übertönen kann.

Der morbide Charme, das Air von Tristesse – es wirkt besonders versnobt und gelangweilt bei jenen, die eine eitle Schau daraus machen und sich davon Bewunderung, Neugier oder eine Rettung versprechen. Tatsächlich schleppen sie oft die interessantesten Männer oder die schönsten Frauen des Abends ab. Manche kriegen mit diesem Gehabe die begehrtesten Filmrollen, die preiswertesten Wohnungen, die besten Noten, die wenigsten Strafzettel. Da können sie noch froh sein, wenn ihnen nur Spott und Hohn drohen statt einer Portion Prügel.

Manche Mitmenschen wiederum sorgen sich, fragen nach und nehmen Anteil. Anteilnehmer hasst ein echter Melancholiker. Lieber ist ihm, wenn man ihn in seinem Schmollwinkel einfach stehenlässt – meinetwegen als trübe Tasse, Spielverderber und Sauertopf betrachtet.

Aber nein, nichts dergleichen, Anteil muss genommen werden:

»Ja, was ist denn bloß los mit Dir?«

»Nun mach doch nicht so ein Gesicht!«

»Liegt es an mir?«

»Tut Dir was weh?«

»Denkst Du immer noch an ihn/sie?«

Ach, wenn es doch so einfach wäre. Weil die Melancholie so tief drinnen in uns ihren Sitz hat, ist sie für Außenstehende nun mal schwer oder gar nicht zugänglich.

Melancholische Stimmungen kann man nur bestätigen oder verneinen, je nach Laune. Von momentanen Schüben

kann man nur erzählen, sie höchstens noch beschreiben –
aber niemals erklären! Denn deren Anlass wird ohnehin
niemand verstehen, geschweige denn nachvollziehen. Wer
so persönliche Augenblicke und Auslöser zu schildern versucht, erntet sowieso nur Unverständnis, Kopfschütteln,
Abwenden.

Aber selten, ganz selten trifft man auf jemanden, der
versteht. Dem es in diesem Moment vielleicht ähnlich
geht. Zwei solche Leute tauschen sich jedoch nicht aus.
Sie schweigen. Und nur ein Blick oder höchstens noch
ein Gleichklang der Mimik oder Gestik deutet auf einen
Gleichklang der Seelen hin.

Wunderschöne Begegnungen. Fast schon wieder ein Anlass zu neuer Melancholie.

Im Alltag der Tiefsinnigen sind Erklärungen also müßig.
Ich empfand einmal ein für mich melancholisches Erlebnis
so:

Nachmittags
südliches Zimmer
die herabgelassenen Jalousien
nach außen gestellt
später
der gekachelte Boden
ganz kalt
unter den nackten Füßen
nach all der Glut.

Was macht dieses Gedicht so ernst, das ja eigentlich ein
entspanntes Wohlgefühl schildert, die friedfertige Situation nach einem aufreibenden Erlebnis, die gestillte Sehnsucht nach einer erotischen Begegnung?

Es ist der Gegensatz von drinnen und draußen. Vom stillen Verbleiben in der intimen Kühle und dem prallen Leben jenseits dieses dämmrigen Raumes. Es ist auf der einen Seite die Sonne mit ihrem Anspruch auf Lebensfreude und die Verpflichtung zu Lebenslust – und die andere kleine, dunklere Welt mit ihrer Befriedigung, die im Moment nichts braucht und sich nur auf die Kühle der Fliesen unter den Fußsohlen konzentrieren will.

Post coitum omne animal triste est?

Schon möglich. Aber wenn diese Art von trister Sattheit Enttäuschung und Verausgabung meint, den »kleinen Tod«, wie die Franzosen sagen, so ist das nicht unser Ding. Denn unser ist die Melancholie, die ihren Schatten ohne lange Begründung medizinischer oder psychologischer Art auf das Schöne wirft und aus deren dunklem Grund immer auch ein versöhnliches, warmes Murmeln zu hören ist.

Erklären Sie das mal jemandem!

Manchmal sind so genannte Melancholiker schwer ertragbar

> *»Melancholie ist in gewisser Weise*
> *das erhabenste der Gefühle.«*
> (Immanuel Kant)

Wenn nur alle Melancholiker so angenehm ruhig blieben. Aber da gibt es ja leider auch die nöligen Nervensägen mit ihrem Gejammere, mit Quengeln und Geseire.

Viele jammern mit Gewinn. Kinder zum Beispiel. Die Werbestrategen der Einkaufsmärkte haben Schokoladenriegel und ähnliches Naschwerk dort postiert, wo genervte Mütter dem Drängen ihrer Kinder nicht auskommen können:

neben den Warteschlangen an den Kassen. »Quengelware« nennen das die Verkäufer. Und bevor diese Mütter unter den missbilligenden Blicken ihrer Vor- und Hinterleute auf einem eisigen Nein bestehen oder das Brüllen ihrer Brut unter noch mehr Missmut der Umstehenden ignorieren oder gar erwidern, wird der Schokoriegel gekauft und der nunmehr kauende Sprössling zum Schweigen gebracht.

Eine bescheidenere aber umso hinterlistigere Art von Buhlerei um Aufmerksamkeit betreibt die so genannte »tapfere kleine Frau« in ihrer Rolle als »Melancholikerin aus gutem Grunde«.
Sie trägt ein gequältes Lächeln in den eingezogenen Mundwinkeln und achtet darauf, dass der Blick entsagend bleibt. Dieses Lächeln soll als unechtes entdeckt werden, das ist der Trick. Und es soll signalisieren, dass man trotz allem gewillt ist, durchzuhalten:
Ich schaffe das schon. Lasst mich nur in Frieden. Ich bin zwar die Allerärmste unter unserem Himmel, aber ich zwinge mich, wie Ihr seht, zum Aushalten. Ich werde mein Schicksal schon irgendwie meistern und es zumindest unverdrossen versuchen. Aber man sieht doch hoffentlich, wie schwer mir das fällt.
Einziges Ziel: auf Umwegen Mitleid erheischen, Respekt einheimsen, als grandiose Persönlichkeit dastehen. Vielleicht findet sich ja doch noch eine edle Seele, ein Märchenprinz, eine gute Fee oder wenigstens eine polnische Perle.

Undankbare Jammerer brechen auf die Frage »Na, wie geht's denn so?« zwar nicht in Schluchzen aus, aber ihre Antworten sind nur allzu bekannt:
»Hören Sie mir doch auf.«
»Na, wie wohl?«
»Da fragen Sie noch?«

Oder gleich: schweigendes Abwinken.

Andere wiegeln ab: »Kann nicht klagen.« Würden sie denn gern klagen? Und schaffen es irgendwie nur nicht?

Manchmal sind aber auch jene Leute schwer zu ertragen, die auf einen Melancholiker stoßen. Da gibt es zum Beispiel die ziemlich verquere Gattung der leugnenden Melancholiker. Es sind die maskierten, die Abstreiter, die so heimlich melancholisch sind, dass sie es oft selbst nicht merken.

Wir alle kennen das übersensible Seelchen, das sich sträubt. Nur ja nichts zugeben! Keine Weichheit zeigen! Gefühlskälte vorschützen! Gleich mit Spott reagieren! Oder besser noch mit ätzendem Zynismus dagegenhalten!

Es muss leider gesagt werden: Das sind zu 98,7 Prozent Männer. Ein paar von ihnen sollen hier zu Worte kommen:

- Ein Schneesturm heulte ums Haus, als ich an einem Januarabend das Kaminfeuer angemacht hatte, weil ich einen alten Kumpel zum Abendessen erwartete. Mein Gast kam herein, trat ans Feuer, und ich sah ihn schaudern vor Wohligkeit. Aber gleich darauf hatte er sich wieder unter Kontrolle: »Ach herrje, wie romantisch! Was versprichst Du Dir denn davon?«

- Als ich einmal, vor einer Berghütte sitzend, auf den Vollmond deutete, der sich langsam über die Grate schob, grummelte ein Bergkamerad: »Hab' schon öfter einen Mond gesehen« und widmete sich, ohne aufzublicken, weiter dem Putzen seiner Stiefel.

- Eine Freundin bewohnt ein Haus am See. Der Blick auf Inseln und Berge ist im ganzen Land als Postkartenmotiv bekannt. Er ist atemberaubend. Und was macht ihr Freund? Er setzt sich grundsätzlich mit dem Rücken zum Panoramafenster: »Das ist mir zu viel Kitsch.«

Diese Männer ertragen geballte Schönheit nicht. Sie können nicht umgehen mit dem Stillwerden, das die Natur, die Elemente oder die Magie des Augenblicks nach sich ziehen. Sie scheuen die besinnliche Stimmung und geizen mit Gefühlen. »Weil sie vielleicht zu viel davon haben«, mutmaßt eine gutwillige Psychologin, »und Angst davor, von ihnen überschwemmt zu werden. Und weil Melancholie für sie unheimlich ist.«

Schwer zu ertragen ist auch der »Ja, aber-Typ«:

- Naja, er kann ein wenig Rührung gut verstehen, wenn sich die zwei im Fernsehfilm letztlich kriegen und unsereins nach dem Taschentuch greift. »Ja, aber was hast du denn? Das ist doch ein Happy End!«
- Oder: Ein alter Eichenwald greift Dir ans Herz. Die knorrigen Kerle, das Alter, die Rinde wie Narben, die überlebten Stürme. »Ja, aber denk doch lieber mal an das Waldsterben. Das wäre nun wirklich ein Grund zur Trauer!«
- Oder: Du kriegst eine Gänsehaut, wenn in Ennio Morricones »Spiel mir das Lied vom Tod« die Mundharmonika einsetzt. »Ja, aber weißt Du überhaupt, dass er mit Sergio Leone in eine Schulklasse gegangen ist?«

Es gibt auch Melancholiker, deren Zähne man trotz monatelanger Bekanntschaft noch nie gesehen hat. Eine Freundin berichtet von einem Verehrer, der intelligent und sogar ein wenig humorvoll sein soll: »Er lacht nicht und lächelt kaum und öffnet den Mund nur zum Gähnen. Und weil er wohlerzogen ist, hält er sich da natürlich die Hand vor den Mund. Er ist trotz allem Witz ein missvergnügter Griesgram.«
Und ganz sicher kein Melancholiker!

Wir Amateure

»In allen Künsten malt der Künstler nur seine Seele;
sein Werk, wie es auch aussehen mag,
ist sein Zeitgenosse in seinem Geist.«
(Anatole France)

Ist es nicht merkwürdig, dass alle Laien, die sich ans Malen, Dichten und Komponieren machen, zu Beginn höchst schwermütige Themen wählen?

Man ist ja als Amateur, der ein neues Betätigungsfeld gefunden hat, anfangs gar nicht mehr zu bremsen. Die Begeisterung für das entdeckte Steckenpferd beherrscht den Alltag: Leinwände in allen Größen werden gekauft, Farben ohne Ende, teure Pinsel. Das Gästezimmer wird zum Atelier umfunktioniert. Die Dame des Hauses vergisst Armani und trägt graue Malerkittel. Und was wird vor den geschockten Besuchern der privaten Vernissage schließlich enthüllt? Düstere Felswände, ersterbende Nebellandschaften, braungraues Grauen.

Auch wer zu musizieren beginnt, spielt anfangs keine lustigen Lieder. Schlager? Volkslieder? Schnaderhüpfel? Alles pfui und unter ihrer Würde, sagen die gerade mal den Czerny-Etüden entwachsenen Musikgenies. Wer noch dazu komponiert, schwelgt gern im Schwülstigen, meist in Moll. Leise flehen da die Lieder. Und nicht nur die Jazzer bedienen sich der »Blue Notes«, die das Sentimentale des Blues so Eric-Clapton-mäßig unterstreichen.

Noch schlimmer sind die Dichtenden: Der Freundeskreis ist erschüttert. Hat ja keiner geahnt, dass die Verseschmiede so unglücklich sind und ihre Verzweiflung in so bitteren Poemen herausschreien müssen. Wenn es sich nicht gerade reimt, werden Short Stories vorgelesen, die sich vorwiegend in elenden Verhältnissen abspielen und von verrotteten Familien handeln, gerne Inzestgeschichten, auch Mord wird nicht ausgespart. Eigene Schicksale? Ein Outing? Betroffen sitzen die Verwandten dabei und verstehen die Welt nicht mehr.

Was also ist mit uns allen los, sobald wir schöpferisch tätig werden und es künstlerisch nennen? Will da tatsächlich etwas Melancholisches heraus? Haben wir es bislang nur nicht beachtet? Keine Zeit dafür gehabt? Gar unterdrückt? Als Mittel zur künstlerischen Inspiration für die leicht Ergriffenen und schnell mal Überwältigten bietet sich die Schwermut tatsächlich an. Der altbekannte Musenkuss ist bei ihnen eher eine Knutscherei mit der Melancholie. Rausch, Sucht und Weh nie ganz abgeneigt, springen sie mit ihren ausgefahrenen Sinnesantennen dankbar auf Emotionen wie Sinnes-Rausch, Sehn-Sucht und Seelen-Weh an. Und das sind nun mal nicht nur wesentliche Bestandteile der Melancholie, sondern auch des Künstlerischen.

Eine solche Stimmung ist übrigens ein fruchtbarer Nährboden für geniale Einfälle, auch in den Niederungen des nüchternen Alltags. Wer also mal etwas Neues ausprobieren möchte, von der Lebensplanung über Formen des Ehelebens bis zum Apfelstrudelrezept, der ist gut beraten, einen Schwebezustand träumerischer Schwermütigkeit vor seine Extratouren zu schalten.

3. Frohnaturen, Spaßvögel und andere Zumutungen

Plagegeist Nr. 1: Der »Spaß«

*»Die unsichtbare Quelle des Humors
liegt nicht in der Freude,
sondern in der Traurigkeit.«*
(Mark Twain)

Ein heiterer Melancholiker braucht keine Aufheiterung, ein munterer keine Ermunterung.

Empfohlenes positives Denken macht jeden Melancholiker noch melancholischer. »Think pink«, jene Kurzform für den ebenso gut gemeinten wie naiven Ratschlag, alles durch eine rosarote Brille zu betrachten, erzeugt bei ihm schwere Sehstörungen. Die Farbe der Wahl für optische Gläser wäre für die Schwermütigen dunkles Violett. Das nahe liegende Schwarz entbehrt, wie sie finden, der Zwischentöne sehnsüchtiger Träumerei und gilt als Sonnenbrille fürs Volk oder für provinzielle Nachtclubbesucher. Allein die Existenzialisten der 5oer-Jahre durften so was tragen, und eigentlich auch nur die in Paris.

Selbsthilfegruppen sind ebenfalls keine Hilfe; denn der eigensinnig Traurige verabscheut Verbrüderungen. Geteilte Melancholie verwässert nur. Er sieht sich als Solitär: edel in der Vereinzelung, auserlesen und auf jeden Fall herausgenommen aus der Masse der Spaßmacher, Spaßbringer, Spaßversteher und Spaßsucher.

Die inzwischen weltweit vernetzte so genannte Spaß-Gesellschaft ist für ihn nichts weiter als Spaß-Pöbel oder

Fun-Gesindel; eine soziologisch mindere Klasse, die er, um Distinktionsgewinn bemüht, zu meiden trachtet.

Was für ihn spricht: Ein Spaßverderber ist er trotzdem nicht.

Ein bisschen Spaß muss sein? Ach, wenn es denn bei dem bisschen bliebe!

Aber die ununterbrochene Party, die sich im Sprachgebrauch bereits so breitgemacht hat, dass man von »Partymachen« in »Partyzonen« spricht, der Ski-Zirkus, die *Love-Parade*, Straßen- und Stadtteilfeste am laufenden Band, dazu Karneval, Fasching, Oktoberfest, noch mehr Leute, noch lautere Musik, Schreien, Rempeln, Drängen, Hüpfen und Grimassen schneiden, hysterische Gaudi, manische Hetz, jubelnder Jux und toller Klamauk, viel Erbrechen, manches Verbrechen, diese und jene Vergewaltigung, die ganze Raserei aller Durchgedrehten – sie machen den betrübt Erschlafften endgültig zum seelenwund Gebeutelten.

»Ich wundere mich oft, dass der alte Herr da oben mit dem großen Überblick nicht eines Tages seinen Daumen hernimmt oder, wenn er Stiefel tragen sollte, seinen Absatz«, wurde einmal von einer Melancholikerin formuliert, die solch ein Zertreten, ja Zermalmen des menschelnden Wahnsinns auf der Erde durch deren Schöpfer ganz gut nachvollziehen könnte.

Hat sich die Spaßgesellschaft gebildet, weil etwa eine gewisse Traurigkeit allgegenwärtig geworden ist? Braucht es diese Ventile, um einen dumpf lastenden inneren Überdruck zu beseitigen und Erleichterung zu verschaffen? Kann nur noch Zerstreuung eine dunkle Ahnung und drückende Schwere in kleine Teile aufsplittern, damit sie also zerstreut und somit ertragbarer werden?

Die Melancholiker gehen ihres Weges und versuchen, nicht weiter über diese psychologischen und soziologischen Hintergründe nachzudenken. Denn da könnte die Gefahr drohen, dass ihre schöne Melancholie in wirkliche Verzweiflung kippt.

Plagegeist Nr. 2: Die Frohnatur

»Ohrenbetäubendes Eheglück.
Knallende Stille.
Die Korken hüpfen von allein
aus den Flaschenhälsen.
Und leise
fallen Fliederblüten
auf den schwarzen Lack
eines selten gespielten
Flügels.«
(Mariela Sartorius)

Wer jemals die dunklen Wogen einer Depression über sich hinwegrollen fühlte, ohne ihrer als Surfer Herr zu werden oder wen es vor Zustimmung schaudert, wenn er Schopenhauers misanthropische Miesmachereien liest oder wer gern denkt und deshalb Melancholiker geworden ist – der kann eine Sorte von Mitmenschen noch weniger ausstehen als alle übrigen: die Frohnatur. Sie preist gleichsam ohrenbetäubend ihr Glück, ihr »Aufgehobensein« in der Welt und ihr »Ganz-bei-sich-Sein«. Sie ist »eins mit sich«, aufgeräumt, sicher, geerdet, rund!

Betreten steht der Sensible still und schweiget. Er sieht auf dem Bildschirm und selbst in natura Leute, denen es vor lauter kollektivem Frohsinn die Gesichtszüge entstellt. Seine Fassungslosigkeit vor dem Geschehen entspricht der Fasson der außer dieselbe geratenden so genannten Spaßvögel.

Die hohe Zeit des bekennenden Melancholikers – weil er sich da endlich mal abheben kann und auf Distinktionsgewinn baut, wenn er Folgendes meidet – sind: alle runden Jubiläen, Aus- und Einstand-Feiern, Kindergeburtstage, Zirkusbesuche, Betriebsausflüge, Floßfahrten, Grillabende.

Der Schwermütige hat es das ganze Jahr über nicht leicht. Und am schwersten hat er es, wenn so ein Jahr endet und ein neues beginnt. Knallen, Küsse und Klamauk nehmen dem Jahreswechsel die Würde. Silvester ist für die ruhigen Verehrer dieser Nacht eine Tortur, wollen sie doch einfach nur still halten, übers vergangene Jahr nachdenken und sich für das nächste wappnen.

Nicht immer stimmen ja Laune und Mimik, Empfinden und Verhalten überein. Auf die extrem Fröhlichen kann der Melancholiker klar reagieren: abwenden, schweigen oder gleich flüchten. Oder er macht sich amüsiert seine Gedanken über das vielleicht verborgene Wesen solcher *Comedians*: Der Clown ist ja angeblich im Grunde tieftraurig, die lächelnde Stewardess außer Dienst eine Giftnudel, der Gaudibursch eigentlich eine trübe Tasse, und die Witzige weint abends zu Hause in ihr Whiskyglas.

Aber wie steht es um die einfach nur Frohgemuten, die schlicht Gutgelaunten, die offenkundig wahrlich Heiteren? In ihrer Ungebrochenheit sind sie eine arge Zumutung. *Vom Mütterchen die Frohnatur?* Ach Goethe! Hast diese Gabe zum Glück rasch sublimieren können und in Verse verwandelt, die sehr wohl stimmungsaufhellenden Trost in dunklen Stunden zu spenden vermögen oder zumindest den Schwermütigen nicht gleich abschrecken.

Aber all die anderen, die ihren Anteil an Frohnatur nur publik machen können, indem sie stets ein Späßchen auf den Lippen haben, ein Schmunzeln in den Mundwinkeln, ein Schulterklopfen in petto! Die Sanguiniker, die unbeirrt positiv denken! Die zwischen *Hallöchen* und *Tschüsschen* jeden Tag sowohl schön als auch gut finden und folgerichtig einen »schönen guten Tag« zu entbieten pflegen!

Wissen sie denn nicht, was amerikanische Forscher herausbekamen? Nicht die mit dem sonnigsten Gemüt werden demnach am ältesten, sondern die Vorsichtigen und Nachdenklichen.

Muss man denn unbedingt im Schwimmbecken des Hotels auch beim zehnten Mal liebenswürdig lächeln, wenn man sich in den Bahnen begegnet? Oder sollte man gleich zum Rückenschwimmen übergehen, auch auf die Gefahr hin, einer Dame die geblümte Bademütze vom Kopf zu schlagen?

So schwer erträglich der Schwermütige auch manchmal sein mag – der konstant fidele Scherzkeks treibt auf die Dauer selbst jeden ausgeglichenen Menschen in die exogene Depression, also die mit dem äußeren Anlass. Da waltet dann keineswegs die ansteckende gute Laune. Da erzeugt vielmehr der Druck des vermeintlich mitreißenden Optimismus mit *Hurra* und *Heißa* einen verdrossenen Gegendruck.

Die Frohnatur verschärft den Gram des Griesgrams und macht ihm einen bunten Strich durch die Rechnung, die für ihn doch nichts weiter ist als eine rächend-gerechte Abrechnung mit den Desillusionierungen seines Daseins. Das stimmt ihn dann nicht selten auf seine Weise ganz fröhlich. Der eigentliche Gegenpart zum Witzbold ist nicht der Missmutige, sondern der verdeckt Humorvolle.

Natürlich haben auch vergnügte Hühner und lustige Häuser dazugelernt und werden den Bedrückten nicht mit Hinweisen auf gutes Wetter und die gesicherte Altersversorgung aufzurichten trachten. Aber allein schon ihre

sonnig verfärbte Zuversicht, ihre Unternehmungslustig-
keit, überhaupt ihre Fähigkeit, einen Tag zu überstehen,
kann von peinigender Penetranz sein für jeden anders Ge-
stimmten.

Selbst gut meinende, das heißt, sich in ihrer schallenden
Fröhlichkeit zurückhaltende Frohnaturen schweigen indes
selten. Wenn sie nicht gerade wohlfeile Ratschläge geben
oder die Mitmenschen durch sonnigste Schilderungen zur
Teilnahme an ihrem ebensolchen Wesen drängen, dann
reden sie bereitwillig von sich und ihrem Wohlaufgeho-
bensein in dieser Welt. Sie dümpeln so behaglich in ihrer
Gemütsruhe, so friedlich in ihrem Seelenfrieden dahin,
dass jeder normale Grant in ihrer Gegenwart augenblicklich in Erbitterung umschlägt.

Wer einem aber ungefragt seine wunderbare Ehe, seinen
geliebten Beruf und seine gelungenen Kinder mehr als einmal um die Ohren haut, hat es wahrscheinlich nötig.

Da endlich lacht sich dann der Melancholiker gern ins
Fäustchen.

Plagegeist Nr. 3: Der Aufheiterer

> *»Melancholie ist das Vergnügen, traurig zu sein.«*
> (Victor Hugo)

Frischwärts marschiert, nordisch gewalkt, den trödelnden
Nachdenklichen forsch untergehakt und nun im Gleich-
schritt flott ausgeschritten, jetzt mal ein bisschen hopp,
nicht immer so verträumt!

Das ist genau die Szene, bei der so mancher schweißgeba-
det aufwacht und dankbar registriert, dass es nur ein Alptraum war. Die Vergewaltigung fand im Schlaf statt. Aber
noch ehe der Melancholiker die Füße auf den Schlafzim-

merboden gestellt hat, fällt ihm ein, dass es solche und ähnliche Szenen heute wieder den ganzen Tag lang geben wird.

- Kaum schaut man aus dem Fenster, wird man von irgendwoher aus der Tiefe des Raums zur Raison gerufen.
- Kaum wickelt sich eine junge Frau eine Haarsträhne um den Finger und blickt ins Leere, wird sie von den Kollegen gehänselt und auf die letzte Nacht angesprochen.
- Kaum kann jemand ein Benn-Gedicht oder gar eines von Eichendorff aufsagen, wird er als verschrobener Romantiker und als »sowieso schon immer ein bisschen komisch« bezeichnet.

Zugegeben, oft zeugen (Tag)träumerei und unerklärliches Traurigkeitsgehabe tatsächlich von jener Launenhaftigkeit, der man weiß Gott nicht immer gleich nachgeben sollte. Wem schon morgens eine Laus über die Leber gelaufen ist, der kann sich auch ein bisschen zusammennehmen und braucht nicht gleich mit seiner üblen Stimmung den Frühstückstisch, das Büro, den Freundeskreis oder den Stammtisch zu verpesten.

Andererseits vergällen die realistischeren Pragmatiker dem Melancholiker auch einige seiner Vergnügen:

- Die unschuldige Vorfreude auf einen vielleicht einmal gelungenen Tag wird mit den Worten »Man soll den Tag nicht vor dem Abend loben« im Keime erstickt.
- Der spinöse Traum von einem teuren Oldtimer wird zunichte gemacht von erfahrenen Vernunftmenschen, die anraten, sich gleichzeitig mit einem Mechaniker zu verloben oder am besten zwei der Automodelle zu kaufen, wegen der Ersatzteile.
- Schwärmt man öffentlich von der (inzwischen ziemlich verschlissenen) Vorstellung, mit einer Harley auf der

Route 66 der Abendsonne entgegenzugleiten, kann man sowieso nur noch mit dem alten Fahrrad das Weite suchen, bevor einem Spott und Häme den Garaus machen.

Kritiker wie Aufheiterer wollen beide helfend eingreifen und eindringen in des Melancholikers Privat-Paradies, in dem er glücklich genug ist. Wenn es ihm auch niemand glaubt.

Plagegeist Nr. 4: Der Glücksversprecher

»In every life we have some trouble,
when you worry you make it double,
don't worry, be happy.«
(Bob Marley, Bobby McFerrin u. a.)

In der Bibliothek unserer belesenen und poetischen Denkerseelen finden sich natürlich auch etliche von den zurzeit allein in Deutschland weit über 100.000 erhältlichen Veröffentlichungen *(amazon)*. Viele davon versprechen nichts weniger als das ultimative Glück. Dabei fällt ein merkwürdiges Detail auf: Manches Buch ist auf den ersten Seiten offensichtlich aufmerksam durchgelesen, ja durchgearbeitet worden: Anstreichungen, Eselsohren, eingeklebte postits. Aber nach einigen Seiten ist es aus damit. Ja, die Blätter wirken nunmehr jungfräulich, manche kleben fast noch zusammen. So abrupt, wie dieser Übergang aussieht, kann das nur eines bedeuten: Das Buch wurde wütend zusammengeklappt und in die Ecke gepfeffert.
Recht so. Glücksratgeber vergessen, was jeder kluge Mensch berücksichtigt:

- dass wir nicht zum Glücklichsein allein auf der Welt sind,
- dass das Leben aus Höhen und Tiefen besteht,
- dass erst das Wechselspiel von beidem die guten Momente schön macht,
- dass es ein Trugschluss ist, man könne jedes Leiden möglichst schnell und effektiv verschwinden lassen,
- dass die so genannte heile Welt mit Rissen und Sprüngen versehen ist,
- dass nur das schlichte Gemüt unreflektiert glücklich ist.

So ein durchgängig, ungebrochen und bedenkenlos glücklicher Mensch, Glückskind, Glückspilz, Glücksritter, Hans im Glück, immer strahlend, zuversichtlich, nichts in Frage stellend – was ist mit dem eigentlich los? Er weiß es nicht, aber er spürt vielleicht: etwas fehlt!

Ein solchermaßen Glücklicher wird nämlich nie erfahren, wie sich nachlassender Schmerz anfühlt, gestillter Hunger, ein endlich ausgeglichenes Konto.

Aus Mangel an erlebtem Unglück oder an vorangegangenem Schicksalsschlag, aus Unkenntnis einer Durststrecke, eines Tiefpunkts oder einfach nur einer schweren Zeit weiß er nicht, was das ist: Trost, Dankbarkeit, Versöhnung, Erleichterung oder ein Aufatmen.

Wie sollte er auch? Erst wenn sich Gutes von Schlechtem abheben kann, wenn man um die unterschiedlichen und ungerechten Seiten des Lebens weiß, wird das Gute zum sehr Guten. So wie nur der mutig sein kann, der seine Angst besiegt. Dem furchtlosen Draufgänger indessen bleibt bloß das schulterzuckende Abhaken der vorerst letzten Tat. War was? Er kennt es nicht anders.

Wissenschaftler haben herausgefunden, dass zwei Arten von Leuten nicht so unglücklich sind wie vermutet: querschnittsgelähmte Menschen und die Alten, die sich laut einer Umfrage häufig glücklicher fühlen als noch ein paar Jahrzehnte zuvor. Andere sind nicht so glücklich wie vermutet. Zur Verblüffung der Forscher stellte sich heraus, dass weder die Liebe noch die eigenen Kinder, weder das Reisen noch der Erfolg – und schon gar nicht das Geld so glücklich machen wie erwartet.

Die zwanghafte Vorstellung, dass das ganze Leben gelingen müsse, schafft naturgemäß viel Ungeduld, Enttäuschung und Unzufriedenheit. Den Melancholiker befriedigt schon ein gelungener Tag oder sogar nur ein gelungener Augenblick.
Die Angst, eine günstige Gelegenheit zu verpassen, eine Chance nicht ergriffen, ein Schnäppchen nicht erkannt, einen Ratgeber nicht gelesen oder befolgt zu haben, sitzt dem hektisch auf Glück Fixierten im Nacken.
Schon die Vorstellung, an einem sonnigen Sonntag nicht wie alle anderen beim Baden, Radeln oder Grillen zu sein, traumatisiert den getriebenen Glückssucher. Er kann nicht allein sein, nicht zu Hause bleiben, sich nicht die Zeit zum Nachdenken nehmen. Da könnte er am Ende ja gottbewahre! melancholisch werden.
»Das ›Streben nach Glück‹ wird doch sogar in der amerikanischen Unabhängigkeitserklärung von 1776 als ein ›unveräußerliches Grundrecht der Menschen‹ erwähnt«, rechtfertigt sich der Glücksritter von der traurigen Gestalt. Ein Recht auf Glück ist allerdings etwas anderes als ein Recht auf das Streben danach.
Übrigens: Das Gegenteil vom Glückskind ist der Pechvogel – und nicht der Melancholiker!

Das reine, gleißende und pure Glück gibt es. Aber es dauert immer nur kurz. Das ist sein Reiz. Auch der Melancholiker kennt es. Dünnhäutig und staunend genießt er solche Momente. Sein Empfinden dabei ist leicht gebrochen durch eine geahnte Enttäuschung, durch befürchteten Verlust und Blick auf das Ende. Das alles aber schmälert sein Glücksempfinden keineswegs, sondern reichert es weise an. Wenn sich zur Ahnungslosigkeit die Ahnung gesellt, wird das Schöne kompakter, geballter, grandios.

Der bayerische Liedermacher Werner Schmidbauer hat großen Erfolg mit seinem schönen Lied »I bin Momentnsammler«. Er schildert darin die guten Momente, die er sammelt, und endet den Refrain mit dem weisen Satz (ins Hochdeutsche übersetzt): »Und das Allerbeste ist dabei: Wenn Du den Moment gefunden hast, ist er vorbei.«

Die nachhaltigen Erfolg versprechenden Glücksverheißer in den Seminaren, Ratgebern, Crashkursen und Volkshochschulen, in Rundfunk und Fernsehen, auf Bühnen und CDs nehmen sich inzwischen eines jeden von uns an: Werden Sie glücklich mit Ihrer Vogelspinne, Ihrem Übergewicht, Ihrem bösen Nachbarn, Ihren neuen Sparmaßnahmen oder Ihrem persönlichen Engel oder Ihrem Glücksratgeberbuch. Gelockt wird mit indischen Ölen, Lach-Übungen oder dem angeblich so gesunden Menschenverstand, mit Meditation und Glückspillen, mit Lotterie und Ernährungstipps, Kreuzfahrten und Brustkorrekturen. Ausnahmslos alles kann offenbar »optimiert« werden, bis hin zum Zustand vollkommenen Glücks.

Die Berater täten besser daran, statt auf der Autobahn zum Glück voranzupreschen, mehr auf den gewundenen Umweg zu achten. Der führt nachhaltiger zu einem Ziel der guten Laune, zur Zufriedenheit, zum Wohlgefühl und zur Aussöhnung mit den niemals perfekten Gegebenheiten dieser Welt. Dieser Pfad ist steil und steinig. Aber man gewinnt bald an Höhe. Die Aussicht wird von Meter zu Meter besser, und am Gipfel angekommen, ist sie überwältigend.

Dann endlich, meinetwegen: Gipfelglück!

4. Das Schreiben

Der Schreibkrampf

»Eine gute Regel für Schriftsteller:
Erkläre nicht zu viel!«
(Somerset Maugham)

Tatsächlich ist das Schreiben eine Tätigkeit, die viel Melancholisches zum Klingen bringen kann. Vorausgesetzt, man belästigt mit diesem Klingen nicht die Ohren der anderen.

Als da sind:

- Das verschwiegene Schreiben von *Tagebüchern* klärt zum Beispiel die eigene Vergangenheit und die persönliche Eingebundenheit in die Zeitläufte. Außerdem kann hier einem Papier anvertraut werden, was sonst nicht zur Sprache gebracht, niemals gebeichtet und keineswegs zugegeben wird: heimlicher Hass, versteckte Liebe, befremdliche Angewohnheiten, vergangene Missetaten, peinliche Träume, intime Wünsche, hanebüchene Ansichten. Und eine Traurigkeit, die man ohnehin niemandem sonst erklären könnte.
- Der ausschließlich an nur einen Adressaten gerichtete *Brief* hingegen erfordert Konzentration. Das ist eine gute Übung für die nötige Auseinandersetzung mit einem Mitmenschen im Guten wie im Bösen. Es empfiehlt sich dabei ein wasserfestes Schreibgerät oder gleich die Tastatur, damit eine eventuell herabtropfende Zähre die Buchstaben nicht verwischt.

- Die persönlichen *Notizen* auf einer Reise oder während einer Chemotherapie, zu Beginn einer neuen Liebe oder als privates Protokoll eines Scheidungsprozesses sind ein wertvoller und sorgfältig zu hortender Besitz. Später einmal wieder nachgelesen, können einem da sehr wohl die Tränen der Rührung in die Augen schießen.
- Und *Gedichte*? Das Dichten ist eine Lust, ein Trieb, eine Sucht, der man getrost nachgeben darf. Es ist die ultimative Ausdrucksform aller Melancholiker.

Wieso hängt das Schreiben eigentlich so eng mit der Melancholie zusammen? Vielleicht, weil sich hier Fühlen und Denken aufs Ausgewogenste treffen und ergänzen. Und weil diese Mischung (wenn denn das Denken nicht vom Fühlen untergebuttert wird) fast immer in Wahrheitssuche und damit Wehmut enden muss.

Der Philosoph und Historiker Oswald Spengler sagte einmal: »Je wissender der Mensch, desto tiefer sein seelisches Leid.«

Wohl auch deshalb ist das Schreiben nicht bei jedem beliebt: »Lieber gehe ich putzen, als freiwillig ein Gedicht oder einen Zeitungsartikel zu schreiben«, sagt die eine.

Ein anderer behauptet: »Ohne Telefon wäre ich völlig vereinsamt. Denn einen Brief zu schreiben, ist für mich eine Qual.«

»Wenn ich meine Redenschreiber nicht hätte, wäre ich aufgeworfen«, gesteht ein Politiker.

Und eine ehemalige Schulfreundin berichtet: »Ich habe das Gymnasium nur wegen der Aufsätze geschmissen.«

- Es soll aber tatsächlich Leute geben, die gern schreiben. Das sind jene, die einst freiwillig nach Weihnachten Dankesbriefe an Großeltern, Patentanten und sogar noch weiter entfernte Verwandte sandten. Wenn sie von denen keine Geschenke erhalten hatten, so galt ihr Bedauern nicht so sehr dieser Tatsache als vielmehr dem Mangel an Anlass, eines der ausführlichen Dankesschreiben verfassen zu dürfen.

(Da mag auch die festliche Weihnachtsstimmung noch nachgewirkt haben.)

- Zum Befremden der Mitschüler kritzelten solche Kinder selbst vom einwöchigen Jugendherbergsaufenthalt oder aus dem Skilager Postkarten an die Eltern voll. Übrigens in Winzigst-Schrift, damit auch alles zu Erzählende draufpasste. Dass die Kinder manchmal eher wieder zu Hause waren als ihre postalischen Nachrichten, störte da wenig. Hauptsache: Man wurde schriftlich alle *News* los. Und auch alles weniger Berichtenswerte.

(Da mag auch das sehnsüchtige Heimweh noch mitgewirkt haben.)

- Jahre später wird dann die Möglichkeit entdeckt, die Mitwelt über das Internet zuzuschütten. Dabei bleibt allerdings die Freude am Formulieren und Fabulieren auf der Strecke. Banalitäten in grammatikferner Form sind nunmehr angesagt. Bekennerdrang und Geständnisflut, nah am nur noch Lautmalerischen oder mit den Sätze ersetzenden *Icons* versehen, werden weltweit abgelassen. Da öffnen sich intime und undelikate Schleusen ungeahnten Ausmaßes, ohne Selbstkritik, Vorsicht oder Rücksicht.

(Was hier allerdings mitgewirkt haben mag, liegt jedenfalls fernab jeglicher sensiblen Nachdenklichkeit.)

Verräterische Details deuten außerdem bei allen Viel- und Gern-Schreibern auf eine oft damit einhergehende Charaktereigenschaft hin, die gerade von den Melancholikern aufs Schärfste geleugnet und in schüchterne Bescheidenheit verkleidet wird: die Eitelkeit.

Der umschattete Blick, der (oft weiße) Schal auch an warmen Tagen, weil es diese Sensiblen immerwährend bis ins Herz zu frösteln scheint, die hochgezogenen Schultern, um nur ja nicht mit der banalen Umwelt in Berührung zu kommen.

Viele haben einen unveröffentlichten Roman in der Schreibtischschublade liegen. Wetten, dass er in den meisten Fällen kein Schelmenroman ist, sondern auch hier nicht der Schwermut entbehrt.

Verhinderte Schriftsteller, also solche, die (noch) nicht veröffentlicht haben, trifft man vorzugsweise in Kaffeehäusern an, wo sie mit entleertem Blick in die Ferne schauen, wenn sie sich nicht gerade Notizen machen. Hin und wieder klopfen sie mit dem Schreibstift auf die Tischkante und kauen auf der Unterlippe, offenbar um eine Formulierung ringend. Von aufmerksamen Freunden bekommt man als berüchtigter Notizenmacher die *Moleskines* geschenkt, jene edlen Notizbücher, die mit einem Gummiband zu verschließen sind und sowohl durch den begnadeten Reise-Notizen-Schreiber Bruce Chatwin als auch durch Hemingway weltweit bekannt wurden. Beide Männer übrigens nicht zu verleugnende Melancholiker.

Verräterische Tagebücher

>»*Ein Mann ohne Tagebuch ist,*
was ein Weib ohne Spiegel.
Dieses hört auf, Weib zu sein,
wenn es nicht mehr zu gefallen strebt
und seine Anmut vernachlässigt ...
Jener hört auf, ein Mann zu sein,
wenn er sich selbst nicht mehr beobachtet.«
(Gottfried Keller)

Viele der nicht zu stoppenden Schreiber führen auch ein Tagebuch. Ihre Anmerkungen füllen (natürlich absperrbare) Kisten und Kästen.

Max Frisch und Thomas Mann, Rousseau, Goethe und Virginia Woolf legten nieder, wann sie Kartoffeln aßen, sich selbst befriedigten oder einen Nobelpreis erhielten. Aber warum taten sie das?

Vielleicht wollen Tagebuchschreiber etwas gegen die Flüchtigkeit der Welt und das Vergehen des Lebens unternehmen. Sie wollen aus diesem elend kurzen und schnell schwindenden Dasein etwas festhalten. Oder sie wollen eine Vergangenheit wieder aufleben lassen, Bestimmtes hervorholen, sich erinnern. Und sie wollen sich bestätigen, dass sie am Leben sind (und waren), und dass dieses Leben das ihre ist.

Viel Melancholie steckt in Tagebüchern. Einer elegischen Nachdenklichkeit mit dem heimlichen, intimen Formulieren ein Ventil zu leihen, ist nicht der schlechteste Weg, sich selbst, den Stimmungen und dem Zeitlauf ein Gesicht zu geben und Form zu verleihen. Die eigenen alten Tagebücher hervorzuholen und darin zu blättern, mit Scham oder Rührung, ist darüber hinaus noch mal eigens ein melancholisches Erlebnis.

Eines Tages fand ich ein altes Hüttenbuch meiner Familie, dessen Zauber mich bis heute beeinflusst.

Es ist ja sonst oft eine arge Quälerei mit Eintragungen in ein Bordbuch, Kondolenzbuch, Gipfelbuch oder Gästebuch. Von genötigten Laien erstellte Anthologien dieser Art, so könnte man meinen, sind bisweilen eine Zumutung für die Schreibenden wie für die Leser.

Nur wenige Verfasser werden so selbstbewusst sein, einfach loszuschreiben, ohne vorher zu querlesenden Lesern ihrer Vorgänger geworden zu sein; teils zum Vergleichen, teils zum Schmähen. Niemanden kritisiert ein Autor so gern und so erbarmungslos wie andere Autoren.

Und dennoch: Der Kompagnon beim Zusammenkommen oben genannten Teamworks des Gemeinsinns verabscheut die Mitschreiberlinge eher weniger, weil sie ihm weder einen kommerziellen Erfolg streitig machen noch an einer Art Ruhm teilhaben wollen.

Ein überstandener schwerer Seegang oder Trauer, Höhenrausch oder voller Magen – jeder sieht seinen Anteil am vorangegangenen Ereignis anders und formuliert seinen Beitrag entsprechend. Ihn verbindet mit den Genossen aber eine ähnliche Stimmungslage. Das führt zu Kameraderie und einem literarischen Sich-in-die-Arme-Fallen.

So ein Buch spricht zwar mit vielen Stimmen, vermag aber dennoch eine Stimmung geballt zu vermitteln.

Das alte Hüttenbuch meiner Vorfahren erzählte vom Wendelstein, vom Wetter, von Witz und Wehmut, vom Wechsel der Jahreszeiten. Es wurde mein Lieblingsbuch.

Später kamen Fragen auf:

Was ging in meinem Großvater, seiner Frau und seinen Kindern vor, als sie ihre Eintragungen vornahmen; diese verwöhnten Städter, die sich zu Anfang des vorigen Jahrhunderts fürs naturnahe Wochenende, die romantische Sommerfrische und die damals noch neuartigen Skiausflüge eine Alm mieteten?

Man blättert und fragt sich. Man holt die Lupe. Man buchstabiert mühevoll die Deutsche Schrift.

Drängte der autoritäre Großvater die Seinen sonntagabends zur Feder, bevor man wieder aufbrach nach München? Schmiedete die Großmutter schon während der Woche die Gedanken, die sie dann in graziöser Schrift niederschrieb? Kamen meinem witzigen Vater die aufmüpfigen Sprüche spontan, die er unter die Idyllen seiner Eltern setzte?

Alle sind tot. Ich kann sie nicht mehr fragen.

Vor vierzig Jahren entdeckte ich dieses Hüttenbuch. Seitdem suchte ich auch für mich eine Alm. Vor etlichen Jahren fand ich in Tirol endlich einen magischen Ort mit einer uralten Almhütte.

Ich führte kein Hüttenbuch. Die Glücksgefühle dort oben waren zu groß, als dass ich sie in Worte hätte fassen mögen.

Zurück zu den Tagebüchern. Um nicht allzu schrullig zu erscheinen, habe ich meinen Tagebüchern immer die unverdächtige Form von kleinen Taschen-Terminkalendern gegeben. Tatsächlich steht da nicht »Ach, was bin ich heute mal wieder melancholisch!«, sondern »11 Uhr: Friseur« oder »Winterreifen wechseln!«

Das genügt. Ich kann mich meistens erinnern, ob ich bei solchen Friseurbesuchen eventuell melancholisch war oder welches Auto ich damals fuhr. Und die auf den benachbarten Seiten notierten Namen der Freundinnen oder der Begleiter abendlicher Kneipentouren rufen auch noch den Rest ins Gedächtnis zurück.

Sollte ich einmal von der Polizei gefragt werden, wo ich vor Jahren an einem bestimmten Septembertag um sechs Uhr abends war, so kann ich das nach kurzem Nachschlagen exakt beantworten.

Ich habe noch alle Notizbücher. Es sind nicht gerade wenige. Mit den Eintragungen der Termine begann ich nämlich 1957.

Immer nur »Herz« auf »Schmerz«?

»Das ganze Metier hat einen Knacks weg.«
(Theodor Fontane)

Nicht immer muss sich *Herz* auf *Schmerz* reimen oder *Freud* auf *Leid*, *Ach* auf *Krach* oder *schwermütig* auf *trantütig*, wenn es darum geht, Melancholisches in Worte zu fassen. Der unvergleichliche, witzige Sprach- und Musikforscher, Dichter und Komponist Professor Felix Hoerburger hinterließ uns auch ein Poem, dessen erfundene Worte keine konkrete Bedeutung haben. Aber mit seiner lautmalerischen Brillanz drückt das Werk einfach alles über die Melancholie aus; in diesem Fall über die zerknirschte und weinerliche Art der Melancholie. Wer es liest, erkennt sofort, worum es geht – auch wenn es sich um eine sinnferne bayerische Phantasiesprache handelt:

»KAUDERIG III
zeitlang und hirzbang
und kauderig leid tragn
und gnischperig groanzn
und hoamblaabrig roanzn
und allawei gnäugln
mit blinzrige äugln
und inwendig gnischpeln
und gnuschpeln und zwischpeln
zeitlang und hirzbang
und kauderig leid tragn ...«

Weltweit dürfte wohl keine Gedichtsammlung ohne die Abteilungen *Romantik, Sehnsucht, Melancholie* auskommen. Lyrik ist per se melancholisch, fein- und tiefsinnig, gefühls- und stimmungsvoll.

Ihre wunderbarsten Vertreter sind die schwärmerischen Dichter wie Josef von Eichendorff, die genialen wie Goethe, die knallharten wie Benn, die ruppigen wie Kästner, die kühlen wie Brecht, die expressionistischen wie Trakl. Hesse, Rilke, Baudelaire, die traurigen Götter poetischer Melancholie, haben ihre Sujets in ihr Privatleben integriert.

Walther von der Vogelweide, der bedeutendste Lyriker des deutschen Mittelalters, hatte ebenfalls einen Hang zur grüblerischen Selbstdarstellung. Er begann eines seiner Werke mit diesen (in heutiges Deutsch übersetzten) Worten: »Ich saß auf einem Stein und schlug ein Bein über das andere, darauf setzte ich den Ellenbogen, in meine Hand hatte ich Kinn und Wange geschmiegt, so dachte ich eindringlich nach ...« Er wurde auch noch in dieser typischen Melancholie-Pose in einer Liederhandschrift um das Jahr 1300 abgebildet – ein früher André Heller, was das gestische Selbstbild betrifft.

Wehmütige (und zugleich wohlige) Gedichte lesen, eintauchen in ihre Bilder, sich dem Rhythmus ihrer Zeilen hingeben, mitschwingen und dann die eigenen Gedanken von der Leine lassen und die eigenen Gefühle zum Fliegen bringen – das sind Höhepunkte für die Idylliker unter den Lyriklesern und die Elegischen unter denen, die sich trotz der Traumen im einstigen Deutsch-Unterricht eine poetische Ader bewahrt haben.

Allen anderen sind Gedichte verleidet, und sie verbinden noch Jahrzehnte nach ihrem Schulabschluss vernichtende Begriffe mit der Poetik:

• »Dumpfes Auswendiglernen«,
• »Peinliches Aufsagenmüssen«,
• »Runterleiern ohne jeglichen Bezug dazu«,

- »Als Mann ein Gedicht vortragen? Nie im Leben!«
- »Bei der ›Glocke‹ habe ich die Strophen verwechselt, so dass überhaupt kein chronologischer Sinn mehr entstand, es war ein Desaster. Keiner merkte es, weil die Mitschüler sowieso vor sich hindösten und die Lehrerin währenddessen Aufsätze korrigierte.«

Entweder nichts verstanden oder alles bescheuert gefunden – auf diesen Nenner ließ sich jahrelang die Haltung vieler Leute von der nüchternen Sorte bringen. Bis Bob Dylan kam.

Und dann gibt es noch in einem weit entfernten Land seit Jahrhunderten eine Kultur des Dichtens, die so ganz anders ist als die unserer westlichen Welt. Diese Kunst ist der Inbegriff einer wunderbaren Melancholie: Es sind die *Haikus* der Japaner.

Das *Haiku* ist die kürzeste Gedichtform der Weltliteratur. Die magisch schönen Dreizeiler sind romantisch und lakonisch zugleich. Sie bringen den Alltag und das All, den Schmerz und die Schöpfung, den Augenblick und alle Jahreszeiten, den Schnee und den Abschied, die Kirschblüten und den Verlust in 17 Silben zum Einklang.

Dagegen wir Amateure, die wir Liebesschwüre in gequälten Reimen an Mauerwände sprayen oder unsere düstere Tristesse in freien Rhythmen an Klotüren kritzeln. Stümperei allerorten. Warum muss der Glückwunsch für den Jubilar eigentlich immer in Reimform heruntergeleiert werden und nicht in der Reinform einer hübschen Prosa? Weil das Dichten eine Sucht ist und nicht auszurotten. Es ist die wollüstige Befriedigung eines Bedürfnisses. Dieses Bedürfnis tritt jedoch nicht unvermutet auf, so wie auch die Lust auf ein Glas Bier oder auf das Kratzen eines Mückenstichs nur folgerichtig ist.

Was also geht dem Verfassen eines Gedichtes voraus? Ein

Durst? Ein Stich? Wohl beides. Es ist der glasklare Moment zwischen der Sehnsucht nach Unterwerfung unter Form und Maß und einem explodierenden Freiheitsdrang in die Grenzenlosigkeit. Strenge und Luxus treiben sich gegenseitig vorwärts.

Nietzsche meinte: »Schreibe mit Blut; und du wirst erfahren, dass Blut Geist ist.«

Ein bisschen hoch gegriffen für unseren Dichter-Alltag mit seinen kläglichen Vierzeilern. Es genügt ja oft schon, am Schnittpunkt zwischen Sinnlichkeit und ordnendem Verstand aufzustehen, den gastlichen Tisch, das warme Bett, das aussichtsreiche Gespräch oder die Tanzfläche zu verlassen und mit dem Dichten zu beginnen. Freudvoll und leidensfähig.

Blut und Geist? Nehmen wir einfach das Mittelding zum Schreiben von Gedichten her: die Seele.

Triffst du nur das Zauberwort ...

> *»Schläft ein Lied in allen Dingen,*
> *Die da träumen fort und fort,*
> *Und die Welt hebt an zu singen,*
> *Triffst du nur das Zauberwort.«*
> (Joseph von Eichendorff)

Stephen Kings wahrscheinlich bestes Buch ist »Das Leben und das Schreiben«, im Jahr 2000 unter dem Titel »On Writing« erschienen. Es hat nichts mit seinen meisterhaften Horrorstories zu tun. Aber es ist ebenso packend.

Der meistgelesene Schriftsteller unserer Zeit wird mit diesem Buch nicht die gewohnten Millionen Leser gewonnen und die gewohnten Millionen Dollar verdient haben. Aber man spürt in jeder Zeile die Lust an seinem Thema.

Schreiber lieben es nun mal, übers Schreiben zu schreiben. Und wer unter ihnen die Magie der Melancholie entdeckt hat, schreibt gern übers Schreiben über Melancholie.

- Muss, wer über Melancholie schreibt, ein Melancholiker sein? Oder gerade nicht?
  Er sollte sie auf jeden Fall kennen und im Idealfall lieben.
- Muss, wer über Melancholie liest, ein Melancholiker sein? Oder gerade nicht?
  Er sollte sie auf jeden Fall kennen lernen wollen und im Idealfall zu lieben beginnen.

Als vor 20 Jahren in der »ZEIT« einige Autoren nach ihren zehn Lieblingswörtern befragt wurden, sparten sie Romantik, Sehnsucht und Weltschmerz in ihren Aufstellungen nicht aus:
Martin Walser erwähnte unter anderen die »Einsamkeit«, Brigitte Kronauer wurde genauer: »Waldeinsamkeit«. Es äußerten sich auch Walter Jens (»Nachdenken«), Sarah Kirsch (»Krähen«), Oskar Pastior (»Sog«), Elfriede Jelinek (»Das Nichts«), George Tabori (»Warten«) und Christoph Ransmayr (»Die Dünung«).

Nun ein Spieltip für Melancholiker: Finden Sie Ihr Zauberwort!
Ein Wort kann nämlich melancholische Stürme entfesseln. Wer ein Buch liest, verbraucht und genießt. Den Inhalt, die Form oder beides. Des Lesers Bedürfnis und die Art des Buches werden das ihm Gemäße diktieren. Er lässt sich dann zum Beispiel fesseln oder einlullen, belehren, rühren oder anregen.
Anregen? Wozu?
Zum Weiterspinnen oder Nachmachen, zum Vermeiden oder Assoziieren. Genau dort – und nicht vorher – beginnt die eigentliche Freude am Buch.

Was zum Beispiel vergällt einem Leser so oft die nachfolgende Verfilmung? Es sind die Entscheidungen des Besetzungsbüros, die nie und nimmer mit den bisherigen Vorstellungen übereinstimmen können. Und es ist die Umsetzung des Regisseurs. Wieso sollten außerdem Garderoben, Licht und Ton die eigenen, inneren Bilder zufällig genau treffen? Es ist also die gnadenlose Sichtbarmachung von bislang ureigenem, ja geheimem Wissen um die gelesenen Dinge. Das visuelle Ausplaudern, der offenbarende Verrat enttäuschen zwangsläufig. Und seien sie noch so genial.

Weg ist der Reiz, den sich der Leser selbst geschaffen hatte und der, weil in keinen Rahmen gepresst, grenzenlos war. Alles Sehnen, jede private Anrührung und Rührung aber werden im Film eingeengt. Dank seiner Phantasie bleibt allein der Lesende handlungsfähig, wo der Cineast höchstens kritikfähig ist. Der Leser, der sich ergreifen lässt, kontrolliert jede Situation. Seine Möglichkeiten, seine Macht und sein Genuss können sich zu Höchstformen steigern. Warum also solche Lust nicht auf die Spitze treiben? Warum noch einengen durch Sätze und Handlung – wo doch dem begabten Phantasten, dem Träumer und Nachdenker die ganze Welt seiner Illusionen und Visionen offensteht? Ein Losungswort nur – und schon kann der Höhenflug beginnen!

Ein vereinzeltes Wort kann unendlich viel entstehen lassen: Erinnerung und Hoffnung, Ekel und Reue, Dankbarkeit und Wut, Ruhe und Erotik, Geborgenheit und Heiterkeit. Das bloße Wort kann aus Gefühlen Gefühlsstürme und aus Gedanken Gedankenketten werden lassen. Das ist Unterhaltung.

Welche Schlüsselwörter braucht es nun zum Anwerfen dieser Maschinerie der Phantasie? Es sind Wörter, die etwas in uns zum Klingen bringen. Das können reiche und arme Wörter sein, ganz kleine oder auch bedeutende, schwerwiegende oder seichte.

So werden selbst die harmlosesten, alltäglichen Begriffe zu magischen Symbolen und Metaphern.

Ein Reizwort, eine Stimmung. Wenn daraus dann auch noch eine Geschichte wird, eine ganz persönliche, intime, melancholische – dann ist der Zauber gelungen.

- Man kann sein »Wort zum Tag« finden.
- Man kann dem bisweilen drängenden Bedürfnis nach Ausweitung und Überhöhung, nach Tagtraum und Überflug nachgeben – und abheben.
- Man kann im Gedächtnis wühlen, sich an frühere Konfrontationen mit diesem Wort erinnern und prüfen, wie man heute dazu steht.
- Man kann sich, traurig gestimmt, nach einem Ventil für diese unbestimmte Tristesse sehnen, einen Sinn suchen und vielleicht sogar finden.
- Man kann an Tagen, an denen man sich – auch als Melancholiker – leicht und frei fühlt, das Talent zu gelassener Euphorie nutzen und noch ein paar Schritte weiter hineingehen in den neuen Raum der hellen, lichten Gedankenwohnung.

Wo man so ein Wort findet? Sogar ein Lieblingswort? In einem alten Brief vielleicht, einem Poesiealbum (falls man das aus der Schulzeit noch hat), in der Zeitung, in einem Buch, in einem Prospekt, im Vorübergehen an einer Plakatwand. Oder auch, indem man ganz still wird und horcht. Es dauert nicht lange, und es ist da!

Teils geht es um die Bedeutung, teils um den Klang; manche tun einfach nur gut, wenn man sie laut ausspricht.

Ich fange schon mal an: Waldrand, Iztaccíhuatl, wabern, Libelle, umarmen, Brandung ...

5. Die Melancholie geht auf Reisen

Sentimental Journey

»Alle Reisen haben
eine heimliche Bestimmung,
die der Reisende nicht ahnt.«
(Martin Buber)

Das Heimweh ist ein Schmerz, das Fernweh eine Sucht. Der Anteil an Melancholie ist bei beiden ähnlich groß.

Fernweh braucht Weite. Einem Kleinkind genügt es da schon, heimlich die Gartentür zu öffnen und ein paar Meter die Straße entlang zu tappen. Später muss ein Rucksack her, noch später ein Seesack. Und wenn das Wandern auf festem Boden oder das Anheuern auf einem Windjammer nicht genügen, schaut der Fernwehgeplagte gern in die Wolken und noch lieber den Kondensstreifen der Flugzeuge nach.

»Über den Wolken muss die Freiheit wohl grenzenlos sein«, sang einst Reinhard Mey, der in seinem schönen Lied sehnsüchtig einer aufsteigenden Maschine nachblickt, »alle Ängste, alle Sorgen, sagt man, / blieben darunter verborgen und dann / würde, was hier groß und wichtig erscheint, / plötzlich nichtig und klein.«
Melancholiker wissen sehr wohl, dass es da oben auch recht unangenehm zugehen kann. Keine Spur von grenzenloser Sorglosigkeit: Da sitzt jemand mit Flugangst, ein anderer hat Schmerzen, einer ist voll Kummer, jemand in tiefer Trauer.

Nicht jeder fliegt hoffnungsvoll gestimmt dem angepeilten Ziel entgegen.

Kürzlich, in einem zu schmalen Hotelbett, drängte es sich auf, mit schmerzendem Rücken sehnsuchtsvoll an den Begriff »Weite« zu denken:

- Die Great Plains von Nebraska,
- acht Meter fünfundneunzig (immer noch geltender Weltrekord im Weitsprung),
- Reifröcke,
- das All.

Das sind Weiten! Zerknirscht machte ich mich ganz klein. Und schlief prompt auch nicht besser ein. Denn der Gedanke an das All und seine (wahrscheinliche) Unendlichkeit ergreift und erschüttert mich immer mit Macht. Und die zur Beruhigung und für die Romantik der Menschen davorgeschalteten Sterne ändern daran nichts. Da kann man noch so oft »Weißt du, wieviel Sternlein stehen?« singen. Es ist und bleibt eines der Lieder, die sich als zu Herzen gehendes Signal zum Aufbruch in neue Gedankenwelten oder auch nur zu neuen Erdteilen anbieten.

Fernweh bedeutet Drang ins Weite, ins Freie, ins Fremde. Das große Jucken unter den Fußsohlen. Es ist eine Aufbruchstimmung, die einem körperlich zusetzen kann, die unleidlich und kribbelig macht, unduldsam und manchmal rücksichtslos. Der Reisende will nichts wie weg, um seinen melancholischen Drang endlich zu stillen. Neue Ufer locken. Und der Berg ruft bekanntlich.

Was da lockt und ruft, kann natürlich niemals befriedigt werden mit der Buchung von *All Inclusive*-Urlauben oder dem Aufsuchen von längst bekannten, erforschten und zu Tode fotografierten so genannten Sehenswürdigkeiten.

Die Melancholiker unter den Globetrottern meinen etwas anderes. Ihr sentimentales Sehnen gleicht eher Doris Days legendärem Song »Sentimental Journey« von 1945, einem Jazz-Klassiker, in dem es vor allem um Gefühle geht.

Ein Weltenbummler, immer unterwegs, der sich auf große Tour machte ins Innere der Mongolei und ins eigene Innere (»das blieb da nicht aus«), zählte einmal die Bedingungen solchen Reisens auf:

»Meine Fahrten führen nicht durch ablenkende, hübsche Kulturlandschaften. Am Wegrand liegen keine touristischen Verpflichtungen. Freunde, die man besuchen könnte, leben woanders. Am besten bricht man sowieso allein auf.«

Sich die Welt anzuschauen, beeinflusst bekanntlich die Weltanschauung.

Es gibt unendlich viele Möglichkeiten, bisherige Sicht und Ansicht in Frage zu stellen und abzuwandeln. Sogar recht banale Möglichkeiten:

Ich entwickle auf Reisen eine eigene Art des Schauens und verändere mehr und mehr den Blickwinkel.

Zum Beispiel, wenn ich an einem Kap stehe: Finisterre, Kap der Guten Hoffnung, Nordkap, Lands End, Kap Hoorn und wie sie alle heißen, die Felskanzeln am Meer, die steinernen Vorposten, die sturmumtosten Endpunkte.

An den Kaps schaue ich zuerst, wie alle Touristen, aufs Meer und denke: Aha, da drüben liegt also Amerika oder die Antarktis oder das europäische Festland oder irgendwo ein bisschen nordwestlich Grönland oder ganz oben schließlich der Nordpol. Dann aber kommt mein großes persönliches Abenteuer:

Ich drehe mich um, kehre dem Ausblick den Rücken und bedenke die Landzunge, die Halbinsel oder sogar den Kontinent, an dessen Nord-, Ost-, Süd- oder Westspitze ich stehe. Ich lasse das Festland auf mich wirken, das hier, an dieser exponierten Stelle, sein Ende nimmt. Was sich da vor mir ausbreitet, diese Fülle von Land und Menschen und die Dichte von all den Lebensläufen und Schicksalen berührt mich, beeindruckt mich, wärmt das Herz. Die Seele wird bewegt.

Sozusagen um 180 Grad, wenn ich es mal so ausdrücken darf.

Die unruhigen Geister, deren Lieblingsbücher die Atlanten sind, die Herumstreifer mit dem in die Ferne gerichteten Blick, die Stromer mit den unruhigen Beinen – sie alle fühlen diese Sehnsucht in sich, aber nicht alle können ihre Pläne verwirklichen: Das Geld, die Zeit, der Beruf, die Familie, die eigene Kraft machen den Aufbruch manchmal unmöglich.

Wem dann das Studieren einer Landkarte genügt, der Blick auf ein aufsteigendes Flugzeug, die Lektüre eines Abenteuerromans, Südseeklänge im Radio – der erweist sich als einer der klugen Melancholiker, die zur Genüge wissen, dass auch unerfüllte Sehnsüchte glücklich machen können.

Auf- und Ausbrüche müssen auch nicht zwangsweise ans Ende der Welt oder in entlegene Wüsteneien führen. Manchmal geht's auch näher:

Franziska von Reventlow, männermordende Göttin der Münchner Bohème Ende des 19. Jahrhunderts, gestand, dass sie sich nach Radtouren im Alpenvorland hinterher oft »ganz sentimental« gefühlt habe.

Ein anderer fährt an die deutsche Nordseeküste, um in der

Elbmündung »die Riesentanker, die großen Pötte« als ferne Schemen vorbeiziehen zu sehen. Das sind für ihn hintergründige Eindrücke, Metaphern fürs Leben, über das er dort in aller Ruhe nachdenken möchte.

Und im Jahr 1929 schrieb der österreichisch-ungarische Schriftsteller Ödön von Horváth im »Berliner Tageblatt« über seinen Aufenthalt im bayerischen Hornbachtal: »So etwas gibt es noch! Anderthalb Tagereisen von Berlin ... Ich kenne kein Gebiet in den Alpen mit solch legendärer Einsamkeit ... In solchen Gegenden fühlt man sich ungeheuer weit entfernt von unserer Zeit. So ungefähr in Australien, vor Erfindung des Dampfschiffes.«

»Mein schönstes Ferienerlebnis« zu beschreiben, lautet ein beliebter Auftrag von Grundschullehrern an ihre kleinen Schüler. Ein Freund, mittlerweile in den Fünfzigern, ließ es sich nicht nehmen, mir von seinem »schönsten Ferienerlebnis« zu berichten: »Es ist ein melancholisches Erlebnis, das ich mir alle paar Jahre gönne. Ich miete ein winziges Ferienhaus an der französischen Atlantikküste. Dort habe ich mir einen Sessel so vor das Fenster gerückt, dass ich von da aus auf den Ozean schaue und sonst nichts sehe. Nur das Wasser, den Horizont, den Himmel. Da sitze ich jeden Abend, stundenlang.
Ein schöneres Ferienerlebnis kann ich mir nicht vorstellen: erst die Farben des Sonnenuntergangs, dann die Entfärbung, wenn die Nacht näher rückt, schließlich das schwarze Wasser, die höheren Wogen in einem anderen Schwarz, die leuchtend weißen Schaumkronen. Manchmal Mondschein. Die Stille, nur das rhythmische Rauschen des Meeres.
Auf diese Stunden freue ich mich schon den ganzen Tag, der ansonsten angefüllt ist mit Baden, Lachen, Ballspielen, Flirten. Die anderen kapieren bald, wie wertvoll mir diese

Zeit ist. Vom zweiten Abend an lassen sie mich in Ruhe und ziehen allein los in die Disco.«

Weltweit werden Touren angeboten, die eine mehr oder weniger verkappte Tristesse schon im Titel versprechen: Auf den Monte Verità, in osteuropäische Klöster oder durch die stinkende Kanalisation von Paris. Mit den so genannten Rotels, den rollenden Hotels, in deren sargähnliche Kammern man nachts geschoben wird, kann man Wüsten durchqueren. Woanders dürfen Interessenten blutgetränkte Schlachtfelder betreten, durch ein Konzentrationslager gehen, in einem Kibbuz arbeiten oder Kreuzfahrten auf Schiffen buchen, auf denen fast kostenlos mitreisende Herren den Überhang von weiblichen Passagieren ausgleichen sollen.

Wer solches bucht, ist nicht eigentlich der melancholische Genießer.
Denn den treibt es seelisch weiter weg. Er ist weltläufig und zugleich weltabgewandt. Ob es sich um die Haute Route, die Kalahari oder den Weg nach Santiago de Compostela handelt – das Losungswort »on the road« gilt für alle, die vom Bewegungsdrang bis hin zum Fernweh das zähe Ziehen zu neuen Zielen spüren wie eine Krankheit, die geheilt werden muss.
Aber was heißt hier »Ziele«? Es geht dem Aufbrechenden, den wir meinen, ja gar nicht um Endpunkte, ums Ankommen im geographischen Sinn. Er will vielmehr vom ersten Schritt und vom ersten Kilometer an seine Empfindungen belohnen. *Abschalten* will er nur die ihn belastende Alltäglichkeit, das Eingeübte, Gewohnte, manchmal sogar das Liebgewonnene. *Einschalten* wird er dafür Sinne und Seele. Vagabunden ihrer Laune, Magier ihrer Phantasie, Schmeichler ihrer Gemüter, machen sie sich empfänglich

für Atmosphären, richten ihre Nervenenden auf und fahren alle Antennen aus. Solche Wanderer stellen sich. Auch Pilger können ein Lied davon singen.

Aber macht das Reisen ohne eigentliches Ziel die Leute nicht traurig? Kommen ihnen zwischendurch Gedanken an die Vergeblichkeit ihrer Unternehmung? Ist Reisen auch Flucht? Wovor? Fühlen sie sich bisweilen verlassen? Tauchen Zweifel auf? Wird ans Umkehren gedacht?

Ein Student, der sich zwischen zwei Semestern regelmäßig »auf und davon« macht, erzählt: »Ich habe bei großen Touren kein Ziel. Ich komme, wenn ich Erdteile durchquere, ja nirgends im eigentlichen Sinne *an*. Außer bei mir, tief drinnen, im Innersten. Das genügt mir. Es ist ein großartiges Erfolgserlebnis. Man sollte die Melancholie während einer solchen Reise in sich einsickern lassen wie Wasser ins Erdreich.«

Die Notizen einer »Kilometerfresserin«, die gern lange Strecken mit dem Auto fährt, schildern eine ähnliche Art von »Reiseabenteuer«. Sie setzte sich vor einigen Jahren an den Ausläufern der Rocky Mountains ans Steuer eines kleinen Leihwagens und brach auf, Richtung Osten. Ohne Beifahrer, aber mit ausreichend Benzin. Ohne Stress, aber mit viel Zeit zum Nachdenken. Ohne Larmoyanz, aber mit Begabung zur Melancholie:

»Es ist später Nachmittag, und ich habe die Sonne im Rücken. Draußen an der Küste haben sie länger was von den Sonnenuntergängen: Aussichtspunkte, den Sunset Boulevard, malerisches Abtauchen, das Klicken der Auslöser.
Hier aber, auf dem transkontinentalen Highway ostwärts, liegt die Barriere der Rockies hinter mir im Wege.
Bald wird die Sonne von den gezackten Graten aufgerissen

und zerstückelt werden und verschwindet schnell. Da ist wenig Sanftes.«

»Das Land senkt sich den Great Plains entgegen. Es wird schnell flacher. Die gewundene Straße beginnt sich zu strecken. Noch ein paar letzte Kurven. Dann sticht sie kerzengerade hinein in die weiten Ebenen, bis sie am anderen Ende des Kontinents im Einzugsgebiet der großen Städte gestaut, in den ersten Kurven ausgebremst und an einer ersten Verkehrsampel enden wird.«

»Ich freue mich auf die lange Fahrt bis zur Ostküste. Ich glaube, dass ich es in fünf, sechs Tagen schaffen werde.«

»Bald werden die riesigen Getreidefelder beginnen. Vorher aber komme ich noch durch einsames Trockenland: aufgegebene Farmen, silbrig gesplitterte Scheunenwände, die eingesunkenen Dächer frivol wie ein schräg ins Gesicht gezogener Hut, keine Menschen mehr.«

»Der Kontinentalwind von Osten stäubt mir die trockene Bodenkrume über die Prärie entgegen.«

»Hölzerne Masten raffen neben der Straße in regelmäßigen Abständen die Überlandleitungen zusammen. Wenn ich schnell fahre (viel schneller als erlaubt, aber die Einsamkeit erlaubt alles), wiegen sich die zwischen den Holzmasten durchhängenden Leitungen im Walzertakt. Eins, zwei, drei. Eins, zwei, drei. Ich summe ein bisschen mit.«

»Ich fahre gern lange Strecken durch abwechslungsarme Landschaften – die aber niemals eintönig sind. Eintönig ist nur das Summen der Räder auf dem Asphalt. Den Gedanken nachzuhängen, einen weiten Himmel über sich, alle

Möglichkeiten der Routenführung vor sich, vorbeiziehendes Land neben sich. Und mit dem Fahrtwind durchs geöffnete Fenster zieht die treue Reisebegleiterin Melancholie ins Wageninnere und macht jede Reise zu einer Vergnügungsfahrt sehr kostbarer Art.«

»Bei einer solchen Fahrt über lange Zeit hinweg ist man vielerlei Emotionen ausgesetzt. Für diesen Reiz kann der Weg nicht langweilig genug und die Einsamkeit nicht groß genug sein:
Am besten kein Gegenverkehr und auch niemand, dem man selbst folgt. Eintönige Landschaft, bloß keine grandiosen Ausblicke; kein Gespräch mit Touristen auf einem Rastplatz, weil in öden Gegenden niemals ein Rastplatz angelegt worden ist. Und wenn man tanken muss, ein einsilbiger Tankwart, der den Kunden als Störenfried betrachtet. So wäre es ideal.«

Der letzte Eintrag im Notizbuch, nach Ankunft an der Ostküste Nordamerikas:
»Wer gern Kilometer frisst, verdaut Erinnerungen und Träume und scheidet die düstere, depressive Schwermut aus. Es bleibt eine versöhnende Melancholie.
Entlastet setze ich meinen Weg und mein Leben fort.«

Andere Länder, andere Melancholien

»Die Toren besuchen in fremden Ländern die Museen.
Die Weisen aber gehen in die Tavernen.«
(Erich Kästner)

Es gibt Gegenden, Städte, ja Völker, die sich bestens dazu eignen, den Besucher melancholisch zu stimmen.

Da sind einmal die Landschaften: Die dramatische Menschenleere im Inneren Islands. Die sturmzerzauste Einsamkeit Patagoniens. Wege in Nordalaska, die man befahren kann, ohne das Steuerrad anzulangen, weil sich die Spurrillen ins ewige Eis gefressen haben und wie Schienen wirken. Sibirien im Herbstlaub. Die roten Sandgebiete Zentralaustraliens. Und natürlich alle Wüsten und alle Urwälder dieser Erde.

Gebiete, in deren Weite man sich verloren vorkommt, eröffnen zugleich viele Möglichkeiten, Emotionen und Gedanken ihren Lauf zu lassen. Ein Desperado, der ins Ungefähre und Ungewisse aufbricht, ist der aufnahmefähigste Reisende unter allen, die unterwegs sind. Das Warten ohne Erwartung hält eine Menge Überraschungen und Abenteuer bereit.

Dann die Städte. Unter ihnen gibt es schiere Wallfahrtsorte für die Genießer mit dem feinen Gehör. Das sind die Metropolen, durch deren Straßen eine schwermütige Melodie läuft, sich an den Hauswänden bricht, aus Kellerfenstern klagt, überall gesummt wird, und die den sensiblen Horcher nicht mehr verlässt, so lange er sich dort aufhält: der klagende *Fado* in Lissabon. Der ewige Walzer und die rührseligen Heurigenlieder in Wien. Schwermütiges von der Wolga in Moskau. Tangoklänge getränkt von Erotik und Weltschmerz in Buenos Aires. Der Blues mit seinen ursprünglichen Texten voll Resignation und Trauer in New Orleans.

Selbst New York hat seine Melodie. Die Stadt, die niemals schläft, ist – wie viele Großstädte – unterlegt mit dem nicht abebbenden »Rauschen der Großstadt«. Anstatt dort folgerichtig lustvoll aufzudrehen oder gar vollends durchzudrehen stimmen mich Verkehrsgewühl und

Hochhausballungen auf eine wohlige Weise schwermütig. Der nächtliche Blick auf die »Lichter der Großstadt« ist ein gemischter Genuss, der mich elektrisiert. Die Vorstellung, dass jedes Licht einen Menschen anzeigt und damit ein Schicksal, wirkt erschütternd und faszinierend zugleich; wehmütig auf jeden Fall.

Was tun sie alle in diesem Augenblick? Was spielt sich unter jeder Lampe ab? Viel Ärger dürfte da unterwegs sein, aber auch manches Lachen. Wird gestritten oder umarmt? Wo lastet Langeweile, wo drücken Sorgen? Wo konzentriert sich jemand über seiner Arbeit? Wo döst einer beim Fernsehen? Wo werden Pläne für eine Hochzeit besprochen, wo die Details einer Scheidung festgelegt?

Wer da ins Sinnieren kommt, kann seine Überlegungen natürlich locker noch weiterspinnen und seine Lust an der Melancholie auf die Spitze treiben: Was geht gerade jetzt, in diesen Minuten weltweit so vor sich?

Ähnliche Fragen begleiten den nachdenklichen Reisenden, wenn er nachts aus dem Flugzeug schaut und mal vereinzelte, mal geballte Lichter tief unten sieht, ein Gehöft, eine Oase, ein Dorf, eine Stadt.

Um nicht ins Uferlose zu geraten, weil sich unsere kleine Alltags-Melancholie da leicht verflüchtigen und in die globale Verzweiflung abdriften könnte, erst mal ein Blick auf die Gleichzeitigkeiten in der Nachbarschaft. Die Banalitäten des Alltags sind oft betrüblich genug. Was nebenan geschieht, ist anrührend.

Für das in München erscheinende Magazin *Die Gazette* schrieb ich zu diesem Thema einmal (gekürzte Wiedergabe):

»Gerade jetzt (I)
Gerade jetzt
bricht ein Fingernagel ab
blättert jemand um
verlangt einer die Rechnung
wischt ein Kind die Tafel nicht
gründlich genug ab
müht sich eine Linkshänderin mit
einem Schöpflöffel
bleibt ein Stück Folie vom Aufreißen eines Buches
an den Händen kleben
reißt ein Faden
beschließt jemand, dem allen ein Ende zu setzen.«

Und als Widerspruch zum gängig formulierten Verhalten:

»Gerade jetzt (II)
Behält jemand das vorletzte Wort
wird ein Messer nicht gezückt
erstirbt kein Lachen
kommt einer geschoren davon
unterbleibt eine Frage
geht ein Familienvater
nur zum Zigarettenholen
und kehrt gleich darauf wieder
wirft niemand den ersten Stein
bleiben aller Augen trocken
vergisst ein Mann die Peitsche
kam einer, sah und verlor
beschließt jemand, dem allen kein Ende zu setzen.«

Soweit die Lichter und das Rauschen der Großstadt – und in welches Spintisieren sie Leute mit einem Hang zur Melancholie bringen können.

Für die Phantasierer unter uns ist das pure Unterhaltung. Wer aufmerksam bleibt, bewusst hinschaut und genau horcht, den wird jede Stadt großartiger und generöser belohnen als nur mit den Tüten der angesagten Shopping Malls.

Die Heimat

>*»Homeward bound*
I wish I was
Homeward bound«
(Simon and Garfunkel)

Zum Begriff *Reise* gehört auch der Begriff *Heimat*. Aber machte er einst heimwehkrank oder (oft unbegründet) stolz – so macht er jetzt nur noch traurig, weil er so trostlos erschlafft ist, kitschig besetzt, von den falschen Leuten falsch interpretiert und von anderen lächerlich gemacht wird.

Man ist global unterwegs und überall zu Hause. Das Heimweh ist eine aussterbende Krankheit, die frühzeitig zu unterdrücken ist; mit jeder Neueinstellung im Geschäftsleben sollten am besten entsprechende Vorsorgeuntersuchungen einhergehen. Den Luxus von Leuten, die wieder nach Hause wollen, leisten sich die Wirtschaft, das Militär und der Diplomatische Dienst nicht so gern.

Die so genannte Fremde ist nicht mehr sonderlich fremd. Verlorene Gemeinschaften und vertraute Umgebung lassen sich weltweit kompensieren. Der Heimatfilm ist kein Blockbuster, das Heimatlied muss umgeschrieben werden, der Heimatabend ist eine Belustigung für Touristen der anspruchsloseren Art.

Entsprechend die Aussagen von Leuten, die sich auf und davon gemacht haben:

- »Die Heimat kann ich locker hinter mir lassen.«
- »Ich bin überall in der Welt zu Hause.«
- »In der Enge der Heimat erstickt man ja.«

Heimat kann vieles sein. Und vieles kann Heimat sein.
Manches davon ist tatsächlich recht eng, manches von
größter Weite – und dennoch kann so eine Heimat Ob-
dach und Geborgenheit bieten: ein Hotelzimmer, eine Zel-
le im Gefängnis, ein Auto, eine Bibliothek, ein seegängiges
Boot. Sogar ein Glaube oder ein Wissensgebiet.
Der Philosoph Helmuth Plessner hat für diese beiden Ka-
tegorien Verständnis. Er schreibt in seinem Buch »Mit
anderen Augen – Aspekte einer philosophischen Anthro-
pologie«: »Wer nach Hause will, in die Heimat, in die Geborgenheit, muss sich dem Glauben zum Opfer bringen.
Wer es aber mit dem Geist hält, kehrt nicht zurück.«

Und das Auto?
My car is my castle – jedoch weniger Lustschlösschen als
vielmehr auch Fluchtburg. Sich fallenlassen auf den Fah-
rersitz. Tief durchatmen. Die Türen schließen. Dieser satte
Ton vollzogener Sicherheit klingt wie »endlich zu Hause«
oder »wieder daheim«. Das fühlt sich wärmend an wie ka-
riertes Plumeau bei Blizzard und schützend wie ein weit
vorstehendes Dach bei Platzregen.
Zur Intimität dieser fahrbaren Höhle gehören aber auch
tief im Unbewussten verankerte Ingredienzen wie der Geruch, der seit jeher mit dem Begriff Heimat eng verbunden
ist. Auch er macht uns den Raum unseres Wagens so vertraut.
Erinnerungen und Erlebtes riechen. Durchfahrene Landschaften duften nach. Durchlebte Gefahrenmomente wabern noch ein wenig im Innern. Die Atmosphäre der Menschen, die mit uns den intimen Bereich teilten, können wir

einatmen. Wer seine Sinne schärft, erlebt im Auto sein ureigenes Territorium hautnah und sinnlich. Er kann einen beseelten Raum erfühlen, der ihm Heimat geworden ist.

Musiken widmen sich der Heimat:
Die Texter für unvergessliche Weltschlager, Songs und Evergreens waren und sind keine schlechten Menschenkenner. Also jubelten sie dem einst so gefeierten Sehnsuchtssänger Freddy Quinn Titel unter wie »Heimatlos«, und der wunderbare Johnny Cash sang »Green Green Grass of Home«. Profi-Melancholiker allesamt. Uns Hörern soll es recht sein.
Bei regelmäßigen Umfragen entsprechender Institute nach dem schönsten deutschen Wort landet »Heimat« immer auf den vorderen Plätzen, nahe »Liebe« und »Glück«.

Es gibt Reisende, die, kaum aufgebrochen zu großer Fahrt, vom ersten Tag an Heimweh haben. Warum fahren sie dann überhaupt weg? Das könnten sie ja alles auch bequemer und billiger haben. Ein Argument, das nicht sticht. Denn der Weltschmerz des Melancholikers will wie jedes Weh (Heim- und Fern-) gepflegt werden. Wahrscheinlich sind das die ganz gewieften Sehnsüchtigen, die jene kleine Schwermut so schätzen, die sie auf ihrer Weltreise begleiten wird; und die – kaum ist man wieder zu Hause – über kurz oder lang in die neue kleine Schwermut des Fernwehs kippen wird.

Ja was nun? Hin und Her, Uneindeutigkeit allerorten. Bertolt Brecht hat sich 1953 in dem Gedicht »Der Radwechsel« eine entsprechende Frage gestellt:

»Ich sitze am Straßenhang.
Der Fahrer wechselt das Rad.
Ich bin nicht gern, wo ich herkomme.
Ich bin nicht gern, wo ich hinfahre.
Warum sehe ich den Radwechsel
Mit Ungeduld?«

Zuletzt die Ansichten von ein paar sehr weit gereisten Leuten. Sie beschrieben ihre Heimat als »wunderschön«, »so verletzlich« und »zart« und »keine Grenzen zu erkennen«, »eine wunderbare blaue Kugel«.

Es handelt sich um Aussagen von tief bewegten Astronauten über die Erdkugel, vom All aus gesehen. Was mögen sie außerdem noch gedacht haben, wenn ihnen die Bedienung der Instrumente an Bord Zeit ließ? Wie müssen sie das Gewusel von Milliarden Menschen (der siebenmilliardenste Mensch wurde laut Hochrechnung der Deutschen Stiftung Weltbevölkerung Ende Oktober 2011 geboren) mit all ihren kleinlichen, törichten und grausamen Aktionen dort unten eingeschätzt haben? Wie viel Mitleid mit der geschundenen Erde werden sie empfunden haben? Und wie traurig muss sie das gemacht haben?

Erschütterung und Rührung funktionieren auch in der Gegenrichtung. Der Mond berührt nicht nur die Empfindlichen, Wetterfühligen unter uns. Wir verfluchen ihn zwar, wenn wir bei Vollmond nicht schlafen können, reden ihn aber voller Inbrunst und Sangeslust mit »Guter Mond« (du gehst so stille) an.

Gemischte Gefühle, andere Ansichten, neue Blickwinkel. Wer am 16. Juli 1969 hinaufschaute und sich vorstellte, da oben versuchen gerade zwei Leute, ein wenig Schlaf zu finden nach dem grandiosen ersten Schritt auf dem Mond, der war wohl ähnlich bewegt wie Neil Armstrong und Buzz Aldrin, die zur selben Zeit wahrscheinlich an die Heimat und die Daheimgebliebenen dachten.

Es gibt drei Gründe, die Heimat mit Melancholie zu betrachten:

- Wenn man sie verlassen muss,
- wenn sie sich verändert,
- wenn man erkennt, dass die Liebe zu ihr eine höchst persönliche, ja intime Sache ist. Und dass so gänzlich andere Leute auch eine Heimat haben.
  Und, nicht zu vergessen, ihre Heimatliebe.

6. Melancholie und Alter

Braucht die Melancholie Lebenserfahrung?
Oder macht Lebenserfahrung garantiert
melancholisch?

>*»Der sittliche Fortschritt der Menschheit*
>*beruht einzig darin, dass es Greise gibt.*
>*Greise werden gütiger, gescheiter*
>*und geben ihre Lebenserfahrung*
>*an die folgenden Generationen weiter.«*
>(Leo N. Tolstoi)

Das Zurückschauen, so scheint es, ist eine der häufigs-
ten Blickrichtungen des von Melancholie befallenen und
heimgesuchten (oder vielmehr des von ihr überwältigten
und beglückten) Menschen.
Braucht die Melancholie also ein gutes Gedächtnis? Oder
eher ein schlechtes, das nur das Schöne, Zurückgewünsch-
te und Verlorengeglaubte speichert? Braucht sie, um das
alles richtig einzuordnen und zu beurteilen, einfach nur
eine gehörige Portion Lebenserfahrung?
Aber wie steht die Lebenserfahrung zum bittersüßen Erinnern, zur Nostalgie und zu der weltweiten Behauptung
sämtlicher Generationen, früher sei alles besser gewesen?
Und was von alldem macht nun melancholisch? Eventuell
gar nichts?

Lorbeer mit Senf – köstliche Mischung aus jenen Zeiten,
als das Altern noch schmeckte: nämlich sich auf seinen
Lorbeeren ausruhen und zugleich seinen Senf überall da-
zugeben. Das war einmal Vorrecht jener Leute, die sich auf

nichts anderes zu berufen brauchten als auf ihre Lebenserfahrung.

Unbelegbares Insiderwissen und Informationsvorsprung ohne bewiesene Signifikanz versüßten die späten Jahre. Immer Recht zu behalten (wie der Analytiker, der bei Widerspruch des Klienten auf dessen Unbewusstes hinweist und damit jegliche Diskussion abwürgt), das zementierte noch den letzten Rest der ansonsten bröckelnden Substanz. Gegen Lebenserfahrung kam nichts an. Jedem argumentierenden Gegenüber waren die Hände gebunden und das Maul gestopft.

Den Meistern eines gemeisterten Lebens standen dankbare Rollen für die letzten Jahre zur Verfügung: Die Frau mit Vergangenheit zum Beispiel konnte den mondänen Vamp geben (müde, aber *sophisticated)* oder die weise Hexe (gütig, ohne Büstenhalter, oft mit indianischem Silberschmuck). Der alte Knabe wiederum mimte gern den abgebrühten Salonlöwen und konnte seine Arthrose mit grandseigneuraler Wehmut auf lebenslange Ausschweifungen schieben. Nicht Rührung schlug diesen Lebenserfahrenen entgegen, sondern Achtung, auch im Sinne von *Achtung!* Da war gut altern.

Andererseits wurde viel Unfug mit dem Herrschaftswissen der alten Herrschaften getrieben: Allzu oft war die gute alte Tante Emma in ihrem gleichnamigen Laden eine schmuddelige Krämerseele, deren Lebenserfahrung sich in der Uferlosigkeit ihrer Klatschsucht verlief.

Oft genug hatte der gewiefte alte Taxifahrer nicht alle Schicksale dieser Welt erfahren, sondern kannte nur Abkürzungen, wenn die Ampel voraus auf Rot schaltete. Manchmal war die bewanderte, alte Kioskbetreiberin früher auf den Strich gegangen und schnell mit ihrer angeblichen Beschlagenheit am Ende.

Unterdessen sind die Grenzlinien zwischen Grünschnäbeln und Graubärten weicher geworden und die Zeiten für Lebenserfahrung als Haltung somit härter.

Warum gilt Lebenserfahrung heute nichts mehr? Weil sie noch nie was galt? Weil sich jeder junge Spund sein eigenes Maul verbrennen soll und seine eigenen Finger am heißen Herd?

Weil wir, in die Jahre gekommen, durchschauen, wie sich damit einerseits gut bluffen lässt und andererseits viel Selbstbetrug mitspielt? Sind wir zu stolz, zu gekränkt und zu zynisch (oft nur eine Abart von Gekränktsein) geworden, um unsere Nachfahren Anteil nehmen zu lassen an unserem Wissen?

Lebenserfahrung und lateinische Zitate lehren: Die Zeiten ändern sich und wir uns in ihnen. Was also ist heute zum Beispiel gutes Leben? Was soll Sexualität? Was sagt das Wort Ehe? Wie unfreiwillig ist der Tod? Was will das Weib? Wozu gibt es noch Männer? Was bedeutete mal Arbeit? Was ist ein *Neger*?

Machen solche Fragen den melancholischen Nostalgiker verdrießlich? Oder findet er sich drein, nüchtern und poetisch zugleich, wie er nun mal sein kann; lässig, leidvoll und lakonisch.

Die gesellschaftlichen Umbrüche und damit auch die Haltung von Naiven wie von Bescheidwissern gegenüber den angeblichen Schlägen des so genannten Schicksals wandeln sich rasch und rascher. Viele dieser Ohrfeigen werden nicht einmal mehr als schmerzhaft empfunden. Andere können Kieferknochen brechen. Wem nützt es da noch, wenn wir in vorauseilender Fürsorge von Schmerzprophylaxe labern?

Da geraten die Gutmeinenden mit ihrer Lebenserfahrung schnell ins Abseits. Ähnliches von einstmals als eingefah rene Geleise zu preisen, scheint absurd. Bekanntes mit Auswirkungen auf das Neue? Lächerlich! Die großen Augen, mit denen die Jugendlichen unseren Erzählungen lauschen, signalisieren nicht Ehrfurcht, sondern neugierige Rührung: Ist ja scharf, was die Alten da so absondern!

Wie verwoben ist nun die Lebenserfahrung mit dem Wandel der Zeit? Nachhinkend, störend oder doch irgendwie verzahnt? Ein paar Firmen halten sich ehrenamtliche *Senior Experts*. Das mag für die Dritte Welt taugen, hierzulande ist der Rückgriff auf die unerschrockenen Pensionisten leider eher *l'art pour l'art*. Auch die Tagesmütter, die von den Waisenhäusern gesucht werden, sollen nicht älter als dreißig sein. Wo doch die Lebenserfahrung (!) zeigt, dass Großmütter oft die besten Mütter sind.

Und Mütter neuerdings die besten Schwestern. Damit kommen wir zu einer der Erklärungen, warum das Lebensexpertentum heute so wenig gilt: weil die Erfahrenen mit ihren Erfahrungen hinterm Berg halten. Jeglicher Erfahrungsvorsprung würde ja unweigerlich auch eine bestimmte Altersdifferenz signalisieren. Pfui, pfui, dreimal pfui!

Ist irgendjemand älter als ein anderer? Nur Ernst Jünger und Johannes Heesters konnten da wenig beschönigen und starteten den Angriff als die beste Verteidigung. Melancholisch werden dabei regelmäßig nur die Zuschauer.

Urgroßväter zeugen, Großmütter skaten (nicht das Kartenspiel, sondern die *boards*!). Kein alter Mensch sucht mehr die Distinktion gegenüber den Jungen durch Abstand, Weisheit, Würde. Stattdessen erheischen die Senioren in ihrem peinlichen Bedürfnis nach Zugehörigkeit nichts als Übereinstimmung. »Dieselbigkeit«, wie es Goethe nannte, also eine Gleichartigkeit über alle Geburtsdaten hinweg in Bezug auf Kleidung und Wortwahl (super! spitze! geil!), auf

Flottheit und Fitness. Aus Weltläufigkeit ist Allerweltsläufigkeit geworden. Sich heute auf so etwas wie Lebenserfahrung zu berufen, würde für viele *Golden Ager* einem Offenbarungseid gleichkommen. Nur die Melancholiker sind gerührt. Nicht selten über sich selbst.

Aber die Nachkommen sind brutal. Unsentimental ist das *Feedback* der Jugend auf die schwermütigen Erinnerungen:

- Als abgemagerte Trümmerfrau Schutt geschleppt? »Lass gut sein, Alte, bisschen *workout* hat noch nie geschadet!«
- Zwei Weltkriege erlebt? »Hau ab, Opa, Kriege gibt's doch immer irgendwo auf der Welt.«
- Weder Trümmerfrau noch Soldat, weil erst danach geboren und dennoch nicht mehr jung? »Haltet doch die Schnauze, Ihr Alten, Ihr habt ja überhaupt gar nichts erlebt!«

»Wie anders da wir, die Jungen!«

Die *Neue Lebenserfahrung* bezieht sich auf den Erlebnisurlaub, den ultimativen *kick*, das virtuelle *peak experience*, neues Wissen wie nix, neue Tänze mit links, auf südafrikanischen Golfplätzen zu Hause sein und exotische Drinks mit der Muttermilch eingesogen haben, Schnippchen schlagen, Schnäppchen erhaschen – »so spielt und spult sich doch das wahre Leben ab, Ihr melancholischen Dumpfbacken! Das nenn ich mir mal Lebenserfahrung und Mitredenkönnen, Alterchen!«

Viel erlebt und nichts begriffen.

Was Mode, Kritik, öffentliche Meinung und Konsum vorgekaut anbieten, ist für die Chance der eigenen Erfahrung schon gestorben. Zwischen bloßer Wahrnehmung und säuberlicher Einordnung liegt der entscheidende Unterschied. Erlebnisse müssen reflektiert und analysiert werden, um zur Erfahrung zu gerinnen; verarbeitet mit mög-

lichst vielen Affekten und Erkenntnissen von der Angst
bis zum Glücksgefühl und von plötzlichem Erfassen bis zu
gründlichem Begreifen. Das braucht seine Zeit. Manchmal
reicht kaum ein Leben.
Begabung zur Melancholie ist übrigens in solchen Fällen
ein mächtiges Hilfsmittel. Das nur nebenbei.

Man gewöhnt sich dran

> *»Frühmorgens die ältliche Frau am Fenster*
> *noch unbelebt das bleiche Gesicht*
> *über Nacht ist ein wenig Schnee gefallen*
> *und ihr Hemd zu hellgrauer Blässe*
> *vertan*
> *das schal beschneite Dach gegenüber*
> *hautfarbene Asche*
> *ein Hauch*
> *keine Qual.*
> *Die Frau aber glücklich*
> *so fahl*
> *so fahl.«*
> (Mariela Sartorius)

Solche gibt es also auch. Sie mögen blass wirken und der
Farben der Jugend entbehren: Lippenrot, Sonnenbräune,
Goldlocken!
Aber sie fühlen sich wohl. Sie haben sich eingerichtet in
der Erkenntnis, dass melodramatische Jahre vorüber sind
und pathetische Zeiten vorbei. Das Aufatmen darüber
macht die kleine Mattigkeit am Morgen und das leichte
Erschlaffen am Abend locker wett. Dieses Arrangement ist
für sie einsehbar und keineswegs irritierend.
Die Weisen unter ihnen kosten sogar noch eine Begleiter-

scheinung der zunehmend hastend vergehenden Zeit aus: die Melancholie. Der leisen Melodie mit dem tiefen ruhigen Grundton sanfter Schwermut kann das Getrampel flüchtender Jahre nichts anhaben.

Was aber machen Menschen, die Angst vor der Melancholie haben?
Sie machen sich lächerlich.
Am peinlichsten sind dabei jene großmäuligen Verdränger, die das Altern und gar noch das Alter fürchten. Und die einer kleinen Nachdenklichkeit, einem verträumten Horchen auf das Raunen der Seele ausweichen wie der Teufel dem Weihwasser:

- »Melancholisch? Aber ich doch nicht!«
- »Mit siebzig den Blues? Hab' keine Zeit, muss für den Iron Man trainieren.«
- »Traurig im Alter? Ich habe mit den Enkeln genug zu lachen!«

Die Leugner der Schwermut und Flüchter vor der Tristesse wissen nicht und glauben kaum, dass ihnen das Älterwerden und die emotionale und intellektuelle Auseinandersetzung damit ungeahnte Möglichkeiten eröffnen könnten: voller Poesie und Kreativität, voll neuer Einfälle und bewegender Gefühle.
Das Wissen um ein irgendwann bevorstehendes Zuendegehen reichert sich im Laufe des Lebens mit zunehmender Geschwindigkeit an. Es bringt, wer sich ihm unverstellt hingibt, Weite und Tiefe in die Jahre, die sonst ganz schön ausarten können: in mürrische Vereinsamung, stupide Verengung, gekränkte Eitelkeit und jammernde Larmoyanz.
Oder in das ebenso ungesunde wie verstehbare Gegenteil, nämlich ein mächtiges Aufdrehen aus Protest und Trotz

– und sei es das Aufdrehen auf einer neuen Harley-Davidson.

Das Alter und seine zunehmende Sensibilität zu leugnen und der oberflächliche Spaßvogel oder tollkühne Haudegen zu bleiben, der man früher war, birgt Gefahren: nicht nur Motorradunfälle und Bandscheibenvorfälle, sondern auch alles, was droht, wenn es nicht mit Hilfe der versöhnlichen Melancholie ausgebremst wird: Depression, Verbitterung und Erschlaffung auf der ganzen Linie.

Ein Hauch wehmütige Noblesse und entsagende Grandezza können also nicht schaden. Außerdem gebiert Traurigkeit oft auch Witz und Lebensfreude. Galgenhumor nennt man das dann. Und es lohnt sich ein solcher Blick auf das Altern – auch wenn die Galgenvögel schon kreisen.

Nein! Es ist ganz und gar nicht so, wie es oft geschildert wird: Nicht »eines Morgens«, wenn man in den Spiegel schaut, entdeckt man das erste weiße Haar. Nicht »plötzlich im Sommer« wird einem »schlagartig« klar, dass man wohl nie mehr ein Kleid mit Spaghettiträgern anziehen sollte.

Das Begreifen des Älterwerdens geht vielmehr quälend langsam vor sich. Es zieht sich mit winzigen Erkenntnissen über Jahre hin. Kurz: Es ist kein Ende mit Schrecken, sondern ein Schrecken ohne Ende. Aber man gewöhnt sich dran.

Genießerinnen finden sogar einen gewissen Reiz darin, mit den Falten zu kokettieren, die ein gelebtes (aber keineswegs verlebtes) Leben beweisen. Schrumpfen und anwachsen – das sind die Reizwörter in diesen Jahren, wo allseits schrumpft, was füllig bleiben sollte: die Haut, das Haar und die Oberlippe. Und anwächst, was man lieber zierlich hätte: Hüfte, Ohrmuschel, Schuhgröße.

»Dass mein Gesicht alt wird«, erzählt die eine mit der noch immer roten Mähne, »merke ich daran, dass Autofahrer, die mich überholen, auf gleicher Höhe herüberlinsen – und sich dann regelmäßig enttäuscht abwenden und Gas geben.«

»Ich habe meinen Vergrößerungsspiegel weggeworfen«, berichtet eine andere, »als ich so hysterisch wurde, dass ich den feinen Flaum auf meinen Wangen als Rübezahl-Bart zu empfinden begann.«

Melancholisch und witzig zugleich schildern Frauen die Zeichen fatalen Alterns. Sie scheuen sich beim Outing nicht vor den bösen Begriffen, die mit dem Schwinden der Jugend verbunden sind: Tränensäcke, Krähenfüße, Rettungsringe, Hängewangen. Das Matronen-Wunder hat die, die einst zum Fräulein-Wunder gehörten, eingeholt. Ihre wehmütig eingefärbte Selbstironie, Bestandteil gekonnter Melancholie, ist kein letzter verzweifelter Ausweg, sondern eine Art lustvoller Herausforderung.

Deswegen auch hat man Strategien entwickelt:

- Lifte mit Oberlicht, in denen man wie eine zerklüftete Horrorfigur wirkt, meiden! Lieber zu Fuß die Treppen hochjagen. Das macht zwar kurzatmig, schafft aber einen gut durchbluteten Teint.
- Sich niemals von oben über den Geliebten beugen! Kaum ein Gesicht von über 40 ist so straff, dass die Wangen da nicht beutelförmig nach unten hängen.
- Wenn nach dem Alter gefragt wird, sich nicht jünger machen, sondern älter! Schon heimst man die schönsten Komplimente ein: »Donnerwetter, sehen Sie aber jung aus!« (Im umgekehrten Falle würde das Gegenüber gequält lächeln und denken: Meine Güte, ist die vorgealtert!)

Die Geheimtipps gegen das Altern, die seit Jahrzehnten von alternden Divas veröffentlich werden (viel Schlaf, kein Alkohol, Bewegung, gesunde Ernährung, kein Nikotin), sind ein alter Hut. Keine von ihnen lebt wirklich so. Sie trinken und gehen häufig aus. Wenn sie noch arbeiten, bekommen sie oft zu wenig Schlaf. Sie sorgen für Skandale und schlagen sich so manche Nacht um die Ohren. Und das mit dem harten Körpertraining halten sie meist auch nur eine Zeitlang und mit monatelangen Pausen dazwischen durch. So wie wir alle.

Ist es vielleicht gerade das, was sie schön und alterslos erscheinen lässt? Ist es das normale, anstrengende Leben mit Höhe- und Tiefpunkten, mit Aufregungen, Ärger und Trauer? Mit Verlust und Verzicht? Mit Zuversicht trotz Vergeblichkeit?

Wie und wo ist die Melancholie eigentlich in alten Ehen angesiedelt?
»Man wird dankbarer und dankbarer«, sagte die Schriftstellerin Ulla Hahn in einem Fernseh-Interview. Und ihr Mann Klaus von Dohnanyi, einst Bürgermeister von Hamburg und auch Minister, fügte noch an, was ihm wichtig sei: »Die Wirklichkeit sehen, erkennen und annehmen.«
Emotion und Realitätssinn, Gefühl und Nüchternheit bilden immer ein gutes Team. Hier haben zwei Leute ihre bekömmliche Zusammenarbeit in Sachen Melancholie auf den Punkt gebracht.
Ein anderes Paar, dessen Zusammenspiel das ganze Land über sechs Jahrzehnte hinweg beobachtete: An jedem Tag ihrer Ehe hat die verstorbene Loki Schmidt ihrem Mann Helmut, dem Altkanzler, einen frischen Blumenstrauß auf den Tisch gestellt: »Ich wollte seine Seele streicheln.«

»Die Welt mit Staunen, Freude und Verspieltheit sehen«, riet der bekannte Psychoanalytiker Erik Erikson einmal gegen inneres (und damit äußeres) Verwelken. Pah, das ist eine leichte Übung für die Melancholiker:

- Das Staunen: Im nachdenklichen Verwundern über dieses und jenes sind sie bekanntlich Meister.
- Die Verspieltheit: Gefühlvolle geben ihren Emotionen freien Lauf: »Geht ruhig mal spielen; auch wenn es Tränen gibt.«
- Die Freude: Für Leute, die auf ihre Seelen achten, ist die Welt voller Freuden. Augen und Ohren auf!

So viel zum Altern.

Es war einmal

> *»Lautes Rauschen*
> *vorbeiströmender Zeit*
> *manchmal übertönt*
> *vom Fallen der Schneeflocken«*
> (Mariela Sartorius)

Es gibt Leute, die erinnert alles an alles. Bisweilen weit hergeholt, bisweilen mehr als naheliegend:

- »Ach, die schönen lila Tulpen. Wisst ihr, das erinnert mich an mein violettes Tanzstundenkleid, in dem ich euren Großvater kennen lernte!«
- »Fängst du schon wieder mit dem Nörgeln an? Das erinnert mich an gestern Abend!«
- »Buxtehude erinnert mich immer irgendwie an Bremerhaven!«

Machen Sie jetzt nicht den Fehler, zu fragen: »Inwiefern?« Dann nehmen die Reminiszenzen nämlich kein Ende. Und nicht immer lässt das Erinnern den Gedächtniskünstler ins Schwärmen geraten. Pure Nostalgie ist anders.

Nostalgiker, weitläufig verwandt mit den Melancholikern, entsinnen sich grundsätzlich nur der schönen Dinge von einst. Genauer: jener Dinge, die ihnen im Laufe ihres Lebens zurückblickend immer wunderbarer erscheinen. Mit jedem Bericht aus grauer Vorzeit gerät diese Vorzeit weniger grau und schwappt mehr ins Gold.

Damit ist es aber noch nicht getan. Es wird nämlich nicht nur mit verklärtem Blick in der Vergangenheit geschwelgt. Zwingend gehört auch das Nörgeln an der Gegenwart dazu. Kein wehmütiges Lächeln ohne den gleich darauf erhobenen Zeigefinger, das Kopfschütteln und die angeekelte Miene. Damit setzt sich die Nostalgie ganz klar von der sanften Melancholie ab, die mit ihrer versöhnlichen Wehmut selten anklagend und niemals aggressiv ist.

So aber endet Nostalgie im schlimmsten Fall auf Stammtisch- und Kaffeekränzchen-Niveau. Je älter darüber hinaus ein Mensch wird, desto mehr Auslöser für Nostalgie kommen da naturgemäß zusammen:

- »Den Käfer konnte man wenigstens noch bedienen. Lenkrad, Gaspedal, Bremse. Das war's. Auch ohne den elektronischen Schnickschnack sind wir nach Jesolo gekommen.«
- »Jesolo, ach, Jesolo. Das genügte damals. Es musste nicht Dubai oder die Antarktis sein.«
- »Früher gab es so was wie Dubai überhaupt noch nicht!«
- »Als wir noch die D-Mark hatten.«
- »Als Aids kein Thema war.«
- »Als man noch keine Rock-Konzerte in Kirchen gab.«

Das abwägende Erinnern an vergangene Zeiten, Orte und Menschen, vor allem aber an Moden und Moralen, lässt sich unter dem abgedroschenen Begriff »gute, alte Zeit« (auch entgegen historischen Überlieferungen) zusammenfassen. Der Begriff ist nicht neu. Beanstandet wird da schon lange: »Unsere Jugend ist heruntergekommen und zuchtlos. Die jungen Leute hören nicht mehr auf ihre Eltern. Das Ende der Welt ist nahe.«, fürchtet eine Keilinschrift in Ur, rund 4.000 Jahre alt.

Später dann beschwerten sich auch Sokrates und bald darauf Aristoteles und meckerten an den neuen Zeiten und der Jugend (»von heute«, tatsächlich in dieser Formulierung) herum. Mit Bedauern verglichen sie die Zustände zu ihren Lebzeiten (ein paar Jahrhunderte vor Christi Geburt) mit jenen von »einst«.

Wie konnte sich das Genörgel über Jahrtausende hinweg halten? Wieso blieb es sich so gleich, fast bis auf die Wortwahl?

Das Gedächtnis filtert ununterbrochen aus und neigt dazu, Vergangenheiten zu schönen. Höchst selten wird man sich nach üblen Bekanntschaften sehnen, quälenden Verhältnissen, hässlichen Orten, unbequemer Mode, eigenen Misserfolgen, peinlichen Vorkommnissen, entsetzlichen Unfällen, schlimmen Krankheiten, unglücklichen Liebschaften. Außerdem soll die eigene Biographie gut dastehen – auch vor dem Betrachter selbst. Und was man einst erlebte und kannte, geschah schließlich in jungen Jahren – gesünderen, kräftigeren und leichtlebigeren. Blauäugig sah man in die Welt. So was färbt jede Erinnerung in leuchtenden Tönen ein.

Es war einmal? Aus und vorbei? Tempi passati?
Um der Unwiederbringlichkeit früherer Paradiese etwas entgegenzuhalten, haben ebenso einfühlsame wie clevere

Geschäftemacher sich viel einfallen lassen:
In den USA bieten Möbelhäuser Kinderzimmer-Mobiliar für die *Livingrooms* Erwachsener an.
In den Alpen werden nostalgische Skirennen ausgetragen, deren Teilnehmer in Keilhosen und Schnürstiefeln, mit Zweimeter-Holzlatten und Bambus-Skistöcken antreten.
Teure Bahnreisen finden weltweit in alten, restaurierten Luxus-Zügen statt: Orient-Express, Blue Train, Transsibirische Eisenbahn, Glacier Express.
Rundflüge im Zeppelin und in JU-52-Maschinen sind die Renner für die nostalgisch infizierte Kundschaft jeden Alters.
Das Münchner Oktoberfest hat seit neuestem einen Ableger für historisch Interessierte: die so genannte »Oide Wiesn« (»Alte Wiese«) mit Raritäten wie Schiffschaukel, Springpferdkarussell und Marionettentheater. Alles ohne das Tohuwabohu der großen Schwester nebenan.
Der Bayerische Rundfunk erfreut unter dem Slogan »Wir lieben Oldies« seine Hörer mit Bill Haley und ähnlichen Königen vergangener Schlagerzeiten. Wobei unklar bleibt, ob mit den Oldies nur die Musikstücke gemeint sind.
Und so geht es weiter, *retro* allerorten:
Oldtimer auf vier Rädern vom Trabi bis zum Rolls Royce, vom Horch bis zum Firebird, von der Ente bis zum Mustang gelten als brillante Geldanlage.
Max Raabe mit seinen quälend süßlichen bis peinlichen, aber wundervoll dargebotenen Liedern aus den 20er- und 30er-Jahren des vergangenen Jahrhunderts wird international gefeiert.
Und die Mode? Die greift sowieso alle paar Jahre auf frühere Einfälle der Couturiers oder das Diktat der Straße zurück.

- Nostalgie bedauert, wo Melancholie sehnt.
- Nostalgie blickt nur zurück, Melancholie aber kann auch nach vorne schauen.
- Nostalgie will die Uhren anhalten, Melancholie weiß vom Vergehen der Zeit und nimmt es wehmütig, aber gelassen in Kauf.
- Wo der Nostalgiker abgeschlossen hat, öffnet der Melancholiker sein Herz, weitet seine Seele und setzt seinem Denken keine Grenzen.

Giacomo Casanova, der berühmteste Liebhaber aller Zeiten, schreibt als alter Mann in seinen Memoiren: »Indem ich mir die genossenen Freuden ins Gedächtnis zurückrufe, erneuere ich sie und genieße ihrer zum zweiten Mal.« Ein berüchtigter Verführer gewesen zu sein, schließt nicht aus, später einmal ein weiser und begnadeter Melancholiker zu werden.

7. Die Sehnsucht nach der Sehnsucht

Sils

»Der lieblichste Winkel der Erde.«
(Friedrich Nietzsche)

Seit langem verbringe ich jährlich einige Zeit in einem kleinen Chalet im Schweizer Engadin, genauer: bei Sils-Maria, einem Dorf, weit genug vom turbulenten Sankt Moritz entfernt und nahe genug an der atemberaubenden Schönheit, die diesen kleinen Ort und seine Umgebung auszeichnet.

Es gibt einen See vor dem Haus, mit Lärchen und Arven bewaldete Halbinseln und Inseln darin. Zu beiden Seiten steigen gewaltige Berge an, nicht allzu nah oder schroff, sondern in harmonischem Winkel ansteigend; behutsam, aber entschlossen bis in die Drei- bis Viertausend-Meter-Zonen. Wenn die Sonne leuchtet, überschüttet sie die Szenerie mit einer Großzügigkeit, die sie offenbar von Italien abgeschaut hat. Das liegt eh nicht mehr weit von hier.

Sils ist ein Kraftpunkt, ein magischer Ort. Es gibt dort auch das legendäre Hotel Waldhaus, das auf einem Felsen überm Dorf thront. Es wird hier erwähnt, weil es im Laufe der Zeit viele Künstler beherbergte. Zum Glück liegt der Bau weit weg in meinem Rücken, ich kann ihn nur von einem Seitenfenster aus sehen.

So mancher, der ein Gespür für den Zauber der Landschaft von Sils hatte, tauchte hier auf, kam immer wieder, konnte sich nicht entziehen und blieb oft lange: Nietzsche, Hesse, Kästner, Joseph Roth, Thomas Bernhard oder Donna Leon. Gerhard Richter malte, Beuys plante, Richard Strauß komponierte, Clara Haskil spielte Klavier, Einstein dachte nach. Adorno auch. St. Moritz wurde und wird nur beim Durchfahren gestreift.

Da ich zu unterschiedlichen Jahreszeiten ins Engadin komme, kenne ich auch die unterschiedlichsten Wetter. Dramatische Wolkengebilde zwischen schwarz und violett, bedrohliche Nebelwalzen von den Abbrüchen des Malojapasses her, Regenvorhänge starr und undurchdringlich wie Felswände, Blitze, die den Schnee für Sekunden metallisch versilbern, schauerlicher Donner, als ob ein Bergsturz das ganze Tal zuschütten würde.

»In mancher Natur-Gegend entdecken wir uns selber wieder, mit angenehmem Grausen ... hier, wo Italien und Finnland zum Bunde zusammengekommen sind und die Heimat aller silbernen Farbentöne der Natur zu sein scheint.«, schrieb Friedrich Nietzsche 1879 über die Landschaft um Sils-Maria, wo er sich lange aufhielt.

Zwei Wörter lassen aufhorchen: das Grausen und das Silber.

»Angenehmes Grausen«? Von anderen Melancholikern kennt man auch solche unüblichen Formulierungen. »Wohltuende Erschütterungen«, »hoffnungsloses Sehnen« oder »verzehrende Bereicherung« – die scheinbar unpassenden Eigenschaftswörter sagen genug über die oft widersprüchlichen und rätselhaft vermischten Emotionen der gebeutelten Gefühligen aus.

Und da es die Tristen häufig mehr mit dem Silber haben als mit dem Gold, seien noch zwei Zeilen von einer anderen Melancholie-Größe angeführt: Rainer Maria Rilke, der dem Engadin ebenfalls verfallen war, begann ein Weihnachtsgedicht so: »Es gibt so wunderweiße Nächte, drin alle Dinge Silber sind ...«

Um Drama und Elegie dieser Gegend so recht auskosten zu können, fahre ich nur allein dorthin, gehe schweigend die Waldwege entlang und die Steige hinauf, tauche die Füße in den kalten See, spüre die Luft fast schmerzlich rein und die Stille fast ohrenbetäubend intensiv, bin den ganzen Tag draußen.

Bei einem der letzten Aufenthalte in Sils aber war ich durch eine Fußverletzung gezwungen, zwei Wochen lang im Haus zu bleiben. Die Heimfahrt mit dem Auto war nicht möglich, das Angebot von Freunden, mich zu holen, schlug ich aus, selbst Besuche lehnte ich ab. Denn ich hatte eine Entschädigung, ach was: einen höchst reizvollen Ersatz für meine Bergtouren gefunden: Ich schaute aus dem Fenster!

Das große Panoramafenster in der Arvenholz-Stube des Chalets geht nach Südwesten. Ich sehe Wiesen, See, Hügel, Berge, Himmel; sonst nichts, keine Häuser, keine Autos, selten jemanden, der seinen Hund über die Wiesen spazieren führt, manchmal weit weg ein Fischerboot, das sich nicht bewegt.

Ich habe das ganze weite Tal vor mir. Ich habe die ganze Welt vor mir.

Aber – allein, schlimmer Fuß, eingesperrt ins Haus, drohende Wetterstürze! Kann etwas deprimierender sein?, fragte jemand.

Um es kurz zu machen: Ich genoss diese Ferien der anderen Art. Ich war glücklich. Ich hatte zu lesen, zu denken, zu schreiben. Ich hörte Musik, die gut zur Stimmung passte: Chet Baker und Eric Satie, Billie Holiday, Gustav Mahler und Arvo Pärt. Ich hatte ein Fernglas und eine Gitarre. Ich hatte alle Zutaten einer gelungenen Melancholie: Sehnsucht, die ich auskostete; Phantasie, mit der ich spielte; Träumerei, in die ich mich fallen ließ. Ich war den ganzen Tag beschäftigt. Die Seele hatte gut zu tun.

Ach, hätt' ich nur, ach, wär' ich nur

Dichter, Schlagertexter, Liebesbriefschreiber, Maler und Komponisten wissen offenbar, wie schmerzlich schön die Sehnsucht ist. Oft sogar schöner als ihre Erfüllung.

- Das Warten auf den Geliebten kann einen rasend machen. Dann ist er da. Und irgend etwas ebbt abrupt ab. Hat sich die Freude im Vorfeld des Ereignisses erschöpft?
- Die aufregenden Vorbereitungen zum großen Fest eines runden Geburtstags sind sowieso das eigentlich schönste Geburtstagsgeschenk. Der Abend selbst? Na ja, gelungen. Ermattung und die endlosen, immer gleichen Gratulationen samt peinlicher Darbietungen wohlwollender Enkel, Schulkameradinnen und Kegelfreunde mindern den geplanten Genuss erheblich.
- Die Vorfreude auf die Pensionierung, auf das Ausschlafen, Golfen, Rasenmähen, auf Kreuzfahrten und Italienischkurse weicht recht schnell der Leere und Langeweile.

Melancholiker ahnen, wie enttäuschend Realität sein kann. Die Wirklichkeit widersetzt sich nicht selten dem Wünschen und Erträumen, als ob sie ein wenig Rache nehmen wollte an der blauäugigen Naivität, mit der man immer wieder auf etwas begierig ist.

Viele Wünsche sind nicht da, um erfüllt zu werden, sondern um ein angenehmes Gefühl von Melancholie zu erzeugen. Wer das erkannt hat, kann seine Wunschzettel in den Papierkorb werfen und braucht nicht zu verzweifeln:

- »Wären jetzt nur meine Freunde hier im Biergarten!«
- »Wenn meine Eltern mich so sehen könnten, als Gretchen auf der Schulbühne!«
- »Würde mein Geliebter jetzt nur mit mir hier am Strand liegen!«
- »Wenn ich ein Vöglein wär und auch zwei Flügel hätt, flög ich zu Dir ...«
- »Man müsste Klavier spielen können ...«

Wären, könnten, würden, müssten! Unerfüllte und unerfüllbare Sehnsüchte werden im Konjunktiv beschrieben, auch von den Dichtern der Volkslieder oder den Textern von Filmmusiken.

Ein Freund erzählt: »Ich schleiche, wenn ich mir etwas Besonderes anschaffen möchte, um das Objekt meiner Begierde lange herum, steigere die Sehnsucht und stelle mir das Gewünschte dermaßen konkret vor, dass das fast der Realität nahekommt und der Wunsch nachlässt. Eigentlich erübrigt sich dann der Kauf. Melancholie ist für mich eine Art wohliges Entsagen.«

Das Entsagen hat seinen Reiz. Mich drängt es zum Beispiel keineswegs immer in die Sonne. Ich ziehe vor, im Halbschatten zu sitzen und die grell ausgeleuchteten Flaneure, Volleyballspieler, Hausfassaden oder Landschaften auf der anderen Straßenseite oder am gegenüberliegenden Berghang zu betrachten. Säße ich selbst in der prallen Helligkeit, wäre ich geblendet und könnte das Leben dort drüben im Schatten nur ungenau erkennen. Meine Sonnenbrille würde das Geschehen noch dazu verdunkeln. Da ist mir eine kleine kontemplative Versenkung lieber als eine Versengung meiner Nase. Und auf besonntes Terrain zu schauen ist allemal angenehmer als in eine Schattenwelt.

Ein letztes Beispiel für die Lust an der Sehnsucht: Meine Hündin liebt es, mit waidwunden Augen vor der geschlossenen Terrassentür zu sitzen und wehmütig ins Freie zu schauen, die Ohren bühnenreif hängend, die Nase am Glas, bisweilen ein tiefes Seufzen, dann ein vorwurfsvoller Blick auf mich.

Ich komme ja schon! Ich eile! Kaum ist die Tür geöffnet, ist jeglicher Drang an die frische Luft und zum vermeintlich pulsierenden Leben da draußen erloschen. Mistvieh, geliebtes!

Liebe Leser!

Jetzt heißt es, langsam Abschied zu nehmen.

Beim Durchlesen dieses Manuskripts fiel es mir wieder auf: Das Bild der Melancholiker ist und bleibt uneindeutig und oft sogar widersprüchlich. So sind sie nun mal, die Empfindsamen und Gefühlvollen. Sensibel bis in die vibrierenden Fingerspitzen, setzen sie sich bisweilen über den berechenbaren Ablauf ihrer geliebten und eingeübten Emotion locker hinweg. Sie sind nicht durchgängig traurig, geschweige denn von Weltschmerz gepeinigt. Manchmal überraschen, ja verblüffen sie uns.

Und damit kommen wir zum letzten Kapitel:

8. In einem Satz

Es war einmal ein wunderbarer Augenblick, als einem Melancholiker das Gesicht zerbarst in einem unbändigen, un-
verfälschten Lachen, das weithin schallte und das ich nie
mehr vergessen werde.

Ende

Literatur in Auswahl

Asserate, Asfa-Wossen: Manieren. Eichborn 2004.

Brecht, Bertolt: Ausgewählte Gedichte. Gesamtausgabe. Suhrkamp 2000.

Chatwin, Bruce: Traumpfade. Carl Hanser 1990.

Epiktet: Handbüchlein der Moral und Unterredungen. Kröner 1984.

Genazino, Wilhelm: Der gedehnte Blick. Carl Hanser 2004.

Hamsun, Knut: Pan. Manesse 2009.

Hausmann, Manfred: Liebe, Tod und Vollmondnächte. Japanische Gedichte. Fischer 1955.

Jong, Erica: Angst vorm Fliegen. Ullstein 2005.

Keats, John: Briefe eines Liebenden. Matthes & Seitz 1986.

Proust, Marcel: Auf der Suche nach der verlorenen Zeit. Suhrkamp 1988.

Randow, Gero von: Genießen – eine Ausschweifung. Hoffmann & Campe 2001.

Riemann, Fritz: Grundformen der Angst. Ernst Reinhardt 1984.

Rilke, Rainer Maria: Duineser Elegien/Die Sonette an Orpheus. Manesse 1951.

Rilke, Rainer Maria: Sämtliche Werke. Rilke-Archiv 1976.

Sagan, Françoise: Bonjour Tristesse, Ullstein 2005.

Sand, George: Ein Winter auf Mallorca. dtv Klassik 1991.

Sartorius, Mariela: Die hohe Schule der Einsamkeit. Gütersloher Verlagshaus 2006.

Schnabel, Ulrich: Muße – Vom Glück des Nichtstuns. Karl Blessing 2010.

Schröder, Thorsten / Hillmann, Hans: Die Schamlose, das Glückskind und all die anderen. 30 Charakterbilder mit einem Gegenbild von Martin Walser. Keyser 1988.

Schutting, Julian: Wasserfarben. Residenz 1991.

Seneca: Über die Kürze des Lebens/De brevitate vitae. Akademie 2003.

Sloterdijk, Peter: Philosophische Temperamente. Diederichs 2009.

Steiner, George: Warum Denken traurig macht: Zehn mögliche Gründe. Suhrkamp 2006.

Ulenbrook, Jan: Haiku: Japanische Dreizeiler. Neue Folge. Reclam 1998.

Ungerer, Tomi: Das große Liederbuch. Diogenes 1974.

Watzlawick, Paul: Anleitung zum Unglücklichsein. Piper 2005.

Wieland, Rainer und Petra Müller (Hgg.): Die Jahre sind mein Lebensglück. Schriftsteller über das Alter. Knesebeck 2008.